Q&A

中小企業のための
欠損金の活用と留意点

税理士　宮森 俊樹

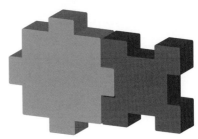

清文社

はじめに

　新型コロナウイルスの影響下で史上初めて1年延長となった東京2020オリンピック競技大会が令和3年7月23日から8月8日までの17日間開催され、205の国と地域から約11,000人の参加があり、33競技339種目が行われました。新型コロナウイルス感染対策で原則無観客となり、私も当選していたサッカーのチケットが無効となり残念でなりません。しかし、大会を振り返ると日本の獲得したメダル数は、アメリカ、中国に次ぐ第3位で58個（金27個、銀14個、銅17個）と史上最高を更新し、連日・連夜スポーツ史が塗り替わる目撃者となり大満足な日々を過ごしました。また、令和3年8月23日に開幕した第16回夏季パラリンピック東京大会では、普段は目にすることがない競技の面白さに気づかされ、また感動をおぼえました。

　一方、中小企業では、令和2年1月に最初の感染者が確認されて以降、新型コロナウイルス感染症の感染拡大と戦後最大の経済の落ち込みに直面し、その対策として本書の執筆時点では令和3年9月30日まで東京をはじめ計19都道府県に緊急事態宣言、福島県など計8県にまん延防止等重点措置が適用され、先行きが見通せないなか、外出自粛や休業要請の影響による疲弊が広がっています。

　経営破たんした中小企業では、もともと人手不足による人件費上昇、消費増税などで経営が厳しい上に、新型コロナウイルス感染症の影響が最後のひと押しにつながった格好となっています。新型コロナウイルス感染症の影響を業種別で見ると、中国人観光客の減少でインバウンドに依存した宿泊業、緊急事態宣言・まん延防止等重点措置などの要請により外出自粛や休業要請で店舗を休業・時短営業した影響で来店客数が減り売上高が激減した飲食業、アパレル・婦人服等販売

業及びパチンコ店など、幅広い業種にその影響が広がっています。

　こうした状況において、業績不振や経営破たんに陥った中小企業が多額の欠損金を抱える事態に陥っています。税制では、法人税法上、欠損金は10年間の繰越し、繰戻還付の対象とされており、黒字となった際の節税と、納税した税金の払戻しに活用できることになります。また、解散・清算結了の際には期限切れ欠損金として活用することもできます。

　欠損金をめぐる税制は、コロナ禍という状況を踏まえて令和3年度税制改正では、赤字であっても前向きな投資行う企業に対し、コロナ禍の影響を受けた2年間に生じた欠損金額について、その投資額の範囲内で、最大5年間、繰越欠損金の控除限度額を最大100％とする特例の創設も行われています。

　そして、令和4年1月1日より連結納税制度から改組されるグループ通算制度では、現行の連納制度よりも制度設計が簡素化されるなどの抜本的な見直しが行われており、損益通算は連結納税制度ではグループ内の所得金額と欠損金額を合算していますが、グループ通算制度では欠損法人の欠損金額を所得法人に所得金額の比で配分するプロラタ計算が採用されます。

　本書は、中小企業に焦点をあて、中小企業の事業活動で生じがちな欠損金の活用方法に絞って、その制度の仕組みと適用する際の留意点を解説したものです。こうした視点から、あえて組織再編における欠損金の特例については触れていません。また、グループ通算制度について、欠損金の取扱いの仕組みを知ることによって、制度施行後の制度の利用のための参考とすべく本書に盛り込んでいます。

本書は、次の４つの章から成っており、それぞれをＱ＆Ａ形式で簡潔に解説しています。

① 欠損金の繰越し・繰戻しの基礎知識
② 企業再生税制における欠損金の活用と留意点
③ 会社解散による欠損金の活用と留意点
④ グループ通算制度による子会社の欠損金の取込みと留意点

　特に、各制度をより深く理解して頂くために各項目の最後に「設例による検討」を設け、設例、解答、解説、実際の留意点、法人税別表・還付請求書の記載方法、及びその記載例をもって具体的な数字で示し、基礎から応用までをフォローしている点に特徴があります。
　そして、欠損金の税務で、実務上陥りがちなトラブルを防止するために、参考として重要判例・判決の要旨も記載しています。

　先に触れたように、欠損金をめぐる税務では新たな特例が創設されるなど制度が拡充されていることから、その制度を正しく理解し、限られた期間で適用しなければなりません。本書が、税理士、公認会計士及び中小企業の経理担当者の「難解な欠損金税務を理解する上でのバイブル」として活用して頂けるならば幸いです。

　令和３年９月

税理士法人 右山事務所

代表社員　宮森　俊樹

第 1 章
欠損金の繰越し・繰戻しの基礎知識

第2章
企業再生税制における欠損金の活用と留意点

第**3**章
会社解散による欠損金の活用と留意点

第**4**章
グループ通算制度による子会社の
欠損金額の取込みと留意点

第 **1** 章

欠損金の繰越し・繰戻しの基礎知識

1 | 欠損金等の繰越控除制度

■ | 制度の概要

Question

法人税法の課税所得は、原則として一事業年度を一単位として計算することとされています。しかし、継続して事業を行うことを前提としている法人においては、一事業年度単位による課税を厳格に適用すると、法人の全存続期間における租税負担の公平を阻害することとなります。

そこで、一事業年度を一単位による課税の例外として創設された欠損金等の繰越控除制度の概要について教えてください。

Point　特定の事業年度に税務上の欠損金が発生した場合、過去に生じた欠損金を繰り越して、翌期以降の課税所得と相殺することができます。

Answer

欠損金等の繰越控除制度は、租税負担の公平の観点から、法人のその事業年度開始の日前一定期間内に発生した税務上の欠損金（別表四の「所得金額又は欠損金（47）」に記載される欠損金）について、一定の適用要件の下、その欠損金をその事業年度の所得の金額の計算上損金の額に算入することができる制度です。

「欠損金額」とは、各事業年度の所得の金額の計算上その事業年度の損金の額がその事業年度の益金の額を超える場合におけるその超える部分の金額とされます（法法2十九）。

　また、「連結欠損金額」とは、各連結事業年度の連結所得の金額の計算上その連結事業年度の損金の額がその連結事業年度の益金の額を超える場合におけるその超える部分の金額とされます（法法２十九の二）。

　なお、これら繰越控除制度の主な概要は、図表１－１に掲げるとおりとされます。

図表１－１　主な損金等の繰越控除制度の概要

区　　　分	制度の概要
青色申告書を提出した事業年度の欠損金の繰越控除制度（法法57①）	確定申告書を提出した法人で、欠損金の生じた事業年度において青色申告書を提出し、その後の事業年度において連続して確定申告書を提出していれば、その事業年度開始の日前10年以内に開始した事業年度において生じた欠損金額（注１）は、その各事業年度の損金の額に算入されます。ただし、中小法人等以外の大法人は、その繰越控除をする事業年度のその繰越控除前の所得の金額の50％相当額とされます。
青色申告書を提出しなかった事業年度の災害による損失金の繰越控除制度（法法58①）	確定申告書を提出した法人については、各事業年度開始の日前10年以内に開始した事業年度において青色申告書である確定申告書を提出していない場合においても、各事業年度において生じた欠損金額のうち、震災、風水害、火災等の災害により棚卸資産、固定資産及び繰延資産について生じた損失の金額は、損金の額に算入されます。ただし、中小法人等以外の大法人は、その繰越控除をする事業年度のその繰越控除前の所得の金額の50％相当額とされます。
会社更生法等による債務免除等があった場合の欠損金の損金算入（法法59①②）	会社更生法等の規定による更生手続開始の決定があった場合又は民事更生法等の規定による更生手続開始の決定があった場合において、債務免除を受けた等一定の事実が生じたときは、確定申告書にその事実が生じたことを証する書類の添付を要件にその事業年度前の各事業年度において生じた欠損金額で一定のもののうち、その債務免除益等による利益の合計額に達するまでの金額は、その事業年度の損金の額に算入されます。
（法法59③）	法人が解散した場合において、残余財産がないと見込まれるときは、その清算中に終了する事業年度前の各事業年度において生じた欠損金額（いわゆる期限切れ欠損金額）に相当する金額は、青色欠損金等の控除後の所得の金額を限

	度として、その事業年度の損金の額に算入されます。
連結欠損金の繰越控除制度（法法81の9①）	連結親会社の連結確定申告書を提出した法人で、連結事業年度開始の日前7年以内に開始した各連結事業年度において生じた連結欠損金額（注2）は、その連結事業年度の連結所得の金額の計算上、損金の額に算入されます。ただし、連結欠損金の繰越控除制度における控除限度額について、その繰越控除をする連結事業年度のその繰越控除前の連結所得の金額の50％相当額とされます。

（注1）「欠損金額」とは、各事業年度の所得の金額の計算上その事業年度の損金の額がその事業年度の益金の額を超える場合におけるその超える部分の金額とされます（法法2十九）。

（注2）「連結欠損金額」とは、各連結事業年度の連結所得の金額の計算上その連結事業年度の損金の額がその連結事業年度の益金の額を超える場合におけるその超える部分の金額とされます（法法2十九の二）。

2 青色申告書を提出した事業年度の欠損金の繰越し

1 青色欠損金等の繰越控除制度

Question

　青色申告書を提出している法人において適用できる欠損金の繰越控除制度の概要について教えてください。

Point　　青色欠損金等の繰越控除制度における控除限度額については、10年間の繰越しが可能となり、翌期以降の課税所得と相殺することができます。

Answer

　　内国法人の各事業年度開始の日前10年（平成30年4月1日前に開始する事業年度は9年）以内に開始する事業年度において生じた欠損金額（既にこの規定によりその各事業年度前の事業年度の所得の金額の計算上損金の額に算入されたもの及び欠損金の繰戻しによる還付の規定により還付を受けるべき金額の計算の基礎となったものを除きます。）がある場合には、その欠損金額に相当する金額は、その各事業年度の所得の金額の計算上、損金の額に算入されます（法法57①）。

　　なお、欠損金額の損金算入は、その事業年度に繰り越された欠損金額が2以上の事業年度において生じたものからなる場合には、そのうちもっとも古い事業年度において生じた欠損金額に相当する金額から順次損金算入を行うこととされます（法基通12-1-1）。

図表１－２　欠損金の繰越期間
〔３月決算法人の場合〕

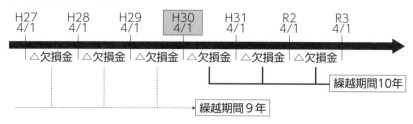

2 │ 青色欠損金等の損金算入の限度

Q UESTION

平成 28 年度税制改正では、法人事業税の外形標準課税の更な
る拡大（付加価値割・資本割の割合を８分の３から８分の５に拡
大し、所得割の割合を引下げ）などの状況を踏まえ、大法人の経
営への影響を平準化する観点から、平成 27 年度税制改正におい
て講じられた青色申告書を提出した事業年度の欠損金の繰越控除
制度、青色申告書を提出しなかった事業年度の災害による損失金
の繰越控除制度及び連結欠損金の繰越控除制度における控除限度
額が段階的に引き下げられたそうですが、このうち青色欠損金の
損金算入の限度の内容について教えてください。

P oint　中小法人等以外の法人について、所得控除限度額が平成 24
年度から平成 26 年度に所得金額の 80％相当額、平成 27 年度に
65％相当額、28 年度に 60％相当額、平成 29 年度に 55％相当額、
平成 30 年度以降に 50％相当額に段階的に引き下げられました。

A nswer
　中小法人等以外の法人については、青色申告書を提出している
法人において適用できる繰越控除制度における欠損金額に相当する金

額が、その各事業年度の所得金額の50％相当額が限度（以下「所得控除限度額」といいます。）とされています（法法57①ただし書）。ただし、中小法人等については、所得控除限度額が100％相当額とされます（法法57⑪一）。

また、所得控除限度額における計算の基礎となる所得金額は、「欠損金の繰越控除制度」（法法57①、58①、81の9①）、「会社更生等による債務免除等があった場合の欠損金の損金算入」（法法59②）、「解散があった場合の欠損金の損金算入」（法法59③）及び「現物分配による資産の譲渡」（法法62の5⑤）の規定を適用しないものとして計算した金額とされています（法法57①ただし書）。

なお、所得控除限度額は、平成27年度税制改正及び平成28年度税制改正を受けて、図表1－3のとおり段階的に引き下げられています（法法57①、平成27年改正法附則1八の二、27①②、30①②）。

図表1－3　欠損金等の所得控除限度額

事業年度開始の日の区分	控除限度額	
	中小法人等	中小法人等以外
平成24年3月31日以前	100%	100%
平成24年4月1日～平成27年3月31日		80%
平成24年4月1日～平成28年3月31日		65%
平成28年4月1日～平成29年3月31日		60%
平成29年4月1日～平成30年3月31日		55%
平成30年4月1日以後		50%

3 ｜ 中小法人等の定義

Q QUESTION
上記Questionにおける中小法人等の定義について教えてくだ

さい。

Point　資本金の額が1億円以下である普通法人、その他一定の法人とされています。

Answer
　　中小法人等とは、各事業年度終了の時において、次に掲げる内国法人とされます（法法57⑪、66⑥二・三、法令14の10⑥）。

① 　普通法人（投資法人、特定目的会社及び受託法人を除きます。）のうち、各事業年度終了の時において資本金の額若しくは出資金の額が1億円以下であるもの（注）又は資本若しくは出資を有しないもの（保険業法に規定する相互会社を除きます。）

（注）事業年度終了の時において大法人（資本金の額若しくは出資金の額が5億円以上の法人又は相互会社等をいいます。以下同じ）との間にその大法人よる完全支配関係がある普通法人及び複数の完全支配関係がある大法人に発行済株式の全部を保有されている普通法人を除きます（法法66⑥二～三）。

② 　公益法人等又は協同組合等

③ 　人格のない社団等

4 ｜ 無申告又は期限後申告があった場合

QUESTION
　青色欠損金の繰越控除制度を適用したいと考えていますが、長期間の入院・療養をしてしまい、確定申告書を期限内に提出できませんでした。

　このように、無申告の事業年度があった場合でも、青色欠損金の繰越控除制度が適用できるのでしょうか。

Point　無申告の事業年度がある場合であっても、繰越欠損金を損金の額に算入しようとする事業年度に係る確定申告書を提出する前までに、無申告の事業年度に係る期限後申告書を提出すれば、青色欠損金の繰越控除制度が適用できます。

Answer

青色欠損金の繰越控除制度は、確定申告書を提出した内国法人が欠損金額の生じた事業年度について青色申告書である確定申告書を提出し、かつ、その後において連続して確定申告書を提出している場合であって欠損金額の生じた事業年度に係る帳簿書類を 10 年保存している場合に限り適用されます（法法 57 ⑩）。

この場合における「その後において連続して確定申告書を提出している場合」とは、繰越欠損金額を損金の額に算入しようとする事業年度に係る確定申告書の提出時において、欠損金額が生じた事業年度後の各事業年度について確定申告書が提出済みである場合をいいます。

また、確定申告書には期限後申告書も含まれることとされます（法法 2 三十一かっこ書）ので、無申告の事業年度があったとしても、期限後申告書を提出することによって、欠損金が発生した事業年度の翌事業年度以後の事業年度において連続して提出されていれば、青色欠損金の繰越控除制度が適用できます（10 ページ「重要事例」参照）。

なお、2 事業年度連続して期限内に申告書の提出がない場合（例：無申告又は期限後申告があった場合）には、青色申告の承認が取り消されますので、留意してください（「法人の青色申告の承認の取消しについて（事務運営指針）」4　無申告又は期限後申告の場合における青色申告の承認の取消しについて：平成 12 年 7 月 3 日・課法 2 - 10 他 3 課共同）。

重要事例

●繰越欠損金額の損金算入の要件である「連続して確定申告書を提出
している場合」に当たるかどうかは、繰越欠損金額を損金の額に算
入しようとする事業年度の確定申告書提出時の現況によるとされた
事例（平20.3.14裁決・TAINS J 75－3－24）

《要旨》

　請求人が本件事業年度に係る法人税の確定申告書を提出した時点に
おいて、欠損金額が生じた事業年度後に無申告の事業年度があり、請
求人が、本件事業年度の確定申告後に、無申告であった事業年度に係
る確定申告書を提出したとしても、繰越欠損金額が生じた事業年度か
ら連続して確定申告書を提出したことにはならないと裁決された。

5 │ 帳簿書類の保存

QUESTION

　青色欠損金の繰越控除制度を適用する場合には、欠損金額が生
じた事業年度から帳簿書類を保存しなければならないと聞きまし
たが、その具体的に保存すべき帳簿書類の内容について教えてく
ださい。

Point 　「青色申告法人の帳簿書類の保存制度」（法法126）により
作成して保存すべきこととされている帳簿書類と同様のものを10年
保存しなければなりません。

　なお、この保存期間を計算する場合の起算日は、確定申告書の提出
期限の翌日とされています。

Answer
　青色欠損金の繰越控除制度は、確定申告書を提出した内国法人
が欠損金額の生じた事業年度について青色申告書である確定申告書を

提出し、かつ、その後において連続して確定申告書を提出している場合であって欠損金額の生じた事業年度に係る帳簿書類を 10 年保存している場合に限り適用されます（法法 57 ⑩）。

　保存期間は、帳簿は閉鎖の日から、書類はその作成又は受領の日の属する事業年度終了の日の翌日から 2 月を経過した日から、それぞれ 10 年間とされています（法規 26 の 3 ①）。そこで、「申告期限の延長の特例」（法法 75 の 2 ）の規定を適用する場合には 2 月を経過した日にその延長に係る月数の期間を加算した月数を経過した日とされます。また、「清算中の法人の残余財産が確定した場合」（法法 74 ②）の規定を適用する場合には 1 月を経過した日とされます（法規 59 ②）。これら起算日から 3 年又は 5 年経過後、一定の要件を満たすマイクフィルムによる保存も可能とされています（法規 26 の 3 ③④、平成 24 年 1 月 25 日財務告 26 号）。

　保存場所は、その法人の納税地とされますが、相手方から受け取った注文書、契約書、送り状、領収書、見積書その他これらに準ずる書類及び自己が作成した書類で写しのあるものなどについては、その取引に係る国内の事務所、事業所その他これらに準ずるものの所在地に保存することも可能とされています（法規 26 の 3 ①、67 ①）。

　なお、欠損金が生じた事業年度における帳簿書類例示及びその保存期間は、図表 1 － 4 のとおりとされています（法法 126、法規 26 の 3 、53 ～ 59）。

図表1－4　欠損金が生じた事業年度における帳簿書類

区分	帳簿書類の例示	保存期間		
		平成23年3月31日以前	平成23年4月1日～平成30年3月31日	平成30年4月1日以後
帳簿	現金出納帳、固定資産台帳、売掛帳、買掛帳、経費帳等	7年間	9年間	10年間
決算関係資料	損益計算書、貸借対照表、株主資本等変動計算書等			
現預金関係	領収書、小切手控、預金通帳、借用書等			
有価証券関係	有価証券受渡計算書、社債申込書等			
棚卸資産関係	棚卸表			
その他	納品書、送り状、貨物受領書、出入庫報告書等			

6 設例による検討

設例1　青色欠損金の損金算入及び繰越控除（中小法人等）

　次の資料に基づき、中小法人等に該当するM社の当期（令和3年4月1日～令和4年3月31日）における欠損金の損金算入額及び繰越控除額の計算は、どのようになりますか。また、「欠損金又は災害損失金の損金算入等に関する明細書（法人税別表七（一））」及び「所得の金額の計算に関する明細書（法人税別表四）」の記載方法について教えてください。

(1) M社は設立初年度青色申告承認申請書の提出を失念しましたが、

設立2年度以来は継続して青色申告書を提出しています。
(2) M社の設立以来における税務上の所得金額又は欠損金額の明細は、次のとおりとなります。

事業年度	所得金額又は欠損金額	申告書
R元・9・1〜R2・3・31	△2,400,000円	白
R2・4・1〜R3・3・31	△8,500,000円	青
R3・4・1〜R4・3・31	2,800,000円（注）	青

(注) 別表四差引計「39①」の金額
(3) M社は、過去において欠損金の繰戻還付の適用は受けていません。

解　答

1　控除前所得金額
　2,800,000円（別表四「39①」）
2　所得金額控除限度額
　上記1 × 100/100 = 2,800,000円
3　当期控除額
　① 令和元年度分
　2,400,000円→0円（白色申告のため対象外）
　② 令和2年度分
　　イ　欠損金額　　　　　　　8,500,000円
　　ロ　所得金額控除限度額　　2,800,000円　　∴　2,800,000円
　　ハ　イ＞ロ　　∴　2,800,000円
4　翌期繰越額
　8,500,000円 − 2,800,000円 = 5,700,000円

解　説

　確定申告書を提出した法人で、欠損金の生じた事業年度において青色申告書を提出し、その後の事業年度において連続して確定申告書を提出していれば、その事業年度開始の日前10年以内に開始した事業年度に生じた欠損金額は、その各事業年度の損金の額に算入されます。

　なお、中小法人等については、所得控除限度額が100%相当額とされます。

（単位：千円）

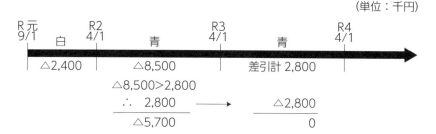

1　明細書の適用

　この明細書は、法人が、当期に欠損金額を生じた場合（青色申告書を提出している場合に限ります。）に、その欠損金額につき翌期以後に「青色申告書を提出した事業年度の欠損金の繰越し」（法法57①）の規定の適用を受ける場合に使用します。

2　各欄の記載要領

(1)「控除前所得金額『1』」の欄には、「差引計（別表四『39①』）」－「連結欠損金等の損金算入に関する明細書（別表七の二『9』又は『21』）」を記載します。

　　設例の場合には、当期の差引計2,800,000円を記載します。

(2)「所得金額控除限度額『2』」の欄には、当期が中小法人等事業年度に該当する事業年度である場合、「控除前所得金額『1』×100/100」を記載します。

　　設例の場合には、控除前所得金額×100/100＝2,800,000円を記載します。

(3)「控除未済欠損金額『3』」の欄には、青色欠損金額のうち、当期首前9年以内に開始した事業年度において生じたもの（平成30年4月1日前に開始した事業年度において生じたものに限り、青色欠損金額とみなされた金額を含みます。）又は当期首前10年以内に開始した事業年度において生じたもの（平成30年4月1日以後に開始する事業年度において生じたものに限り、青色欠損金額とみなされた金額を

含みます。）で、過去に繰越控除又は繰戻しを受けなかった金額（前期分のこの明細書の「翌期繰越額」）を古い事業年度の分から順次記載します。

（記載例：3月決算法人）

　令和4年3月期（自令和3年4月1日至令和4年3月31日）に生じた青色欠損金額を10年間繰り越した場合に控除することとなる事業年度は令和14年3月期（自令和13年4月1日至令和14年3月31日）となります。

(4)「当期控除額『4』」の欄には、古い事業年度の分から順次補填するものとしてその控除できる金額を記載します。

欠損金又は災害損失金の損金算入等に関する明細書		事業年度	3・4・1 4・3・31	法人名	M社	別表七(一)

控除前所得金額 (別表四「39の①」)-(別表七(二)「9」又は「21」)	1	2,800,000 円	所得金額控除限度額 (1)× 50又は100/100	2	2,800,000 円

事業年度	区　分	控除未済欠損金額 3	当期控除額 (当該事業年度の(3)と((2)-当該事業年度前の(4)の合計額)のうち少ない金額) 4	翌期繰越額 ((3)-(4))又は(別表七(三)「15」) 5
・・	青色欠損・連結みなし欠損・災害損失	円	円	
・・	青色欠損・連結みなし欠損・災害損失			円
・・	青色欠損・連結みなし欠損・災害損失			
・・	青色欠損・連結みなし欠損・災害損失			
・・	青色欠損・連結みなし欠損・災害損失			
・・	青色欠損・連結みなし欠損・災害損失			
・・	青色欠損・連結みなし欠損・災害損失			
・・	青色欠損・連結みなし欠損・災害損失			
・・	青色欠損・連結みなし欠損・災害損失			
2・4・1 3・3・31	青色欠損・連結みなし欠損・災害損失	8,500,000	2,800,000	5,700,000
	計	8,500,000	2,800,000	5,700,000

当期分	欠損金額(別表四「48の①」)		欠損金の繰戻し額	
	同上のうち	災害損失金		**別表四 40欄へ移記**
		青色欠損金		
	・ 合　計			

災害により生じた損失の額の計算

災害の種類		災害のやんだ日又はやむを得ない事情のやんだ日	・・
災害を受けた資産の別	棚卸資産 ①	固定資産(固定資産に準ずる繰延資産を含む。) ②	計 ①+② ③

当期の欠損金額(別表四「48の①」)	6			円
資産の滅失等により生じた損失の額	7	円	円	
被害資産の原状回復のための費用等に係る損失の額	8			
被害の拡大又は発生の防止のための費用に係る損失の額	9			
計 (7)+(8)+(9)	10			
保険金又は損害賠償金等の額	11			
差引災害により生じた損失の額 (10)-(11)	12			
同上のうち所得税額の還付又は欠損金の繰戻しの対象となる災害損失金額	13			
中間申告における災害損失欠損金の繰戻し額	14			
繰戻しの対象となる災害損失欠損金額 ((6の③)と((13の③)-(14の③))のうち少ない金額)	15			
繰越控除の対象となる損失の額 ((6の③)と((12の③)-(14の③))のうち少ない金額)	16			

令三・四・一以後終了事業年度分

所得の金額の計算に関する明細書		事業年度	3・4・1 4・3・31	法人名	M社		

区　分		総　額 ①		処　　分		
				留　保 ②	社　外　流　出 ③	
当 期 利 益 又 は 当 期 欠 損 の 額	1	円		円	配当	円
					その他	
加	損金経理をした法人税及び地方法人税（附帯税を除く。）	2				
	損金経理をした道府県民税及び市町村民税	3				
	損金経理をした納税充当金	4				
	損金経理をした附帯税（利子税を除く。）加算金、延滞金（延納分を除く。）及び過怠税	5			その他	
	減 価 償 却 の 償 却 超 過 額	6				
	役 員 給 与 の 損 金 不 算 入 額	7			その他	
算	交 際 費 等 の 損 金 不 算 入 額	8			その他	
		9				
		10				
	小　　　　　計	11				
減	減 価 償 却 超 過 額 の 当 期 認 容 額	12				
	納税充当金から支出した事業税等の金額	13				
	受取配当等の益金不算入額（別表八(一)「13」又は「26」）	14			※	
	外国子会社から受ける剰余金の配当等の益金不算入額（別表八(二)「26」）	15			※	
	受 贈 益 の 益 金 不 算 入 額	16			※	
	適格現物分配に係る益金不算入額	17			※	
	法人税等の中間納付額及び過誤納に係る還付金額	18				
算	所得税額等及び欠損金の繰戻しによる還付金額等	19			※	
		20				
	小　　　　　計	21			外※	
仮　　　計 (1)+(11)-(21)		22			外※	
対 象 純 支 払 利 子 等 の 損 金 不 算 入 額（別表十七(二の二)「27」又は「32」）	23				その他	
超 過 利 子 額 の 損 金 算 入 額（別表十七(二の三)「10」）	24	△			※	△
仮　　　計 (22)から(24)までの計	25				外※	
被合併法人等の最終の事業年度の欠損金の損金算入額	26	△			※	
寄 附 金 の 損 金 不 算 入 額（別表十四(二)「24」又は「40」）	27				その他	
沖縄の認定法人又は国家戦略特別区域における指定法人の所得の特別控除額（別表十(一)「9」若しくは「13」又は別表十(二)「8」）	28	△			※	△
法 人 税 額 か ら 控 除 さ れ る 所 得 税 額（別表六(一)「6の③」）	29				その他	
税 額 控 除 の 対 象 と な る 外 国 法 人 税 の 額（別表六(二の二)「7」）	30				その他	
分配時調整外国税相当額及び外国関係会社等に係る控除対象所得税額等相当額（別表六(五の二)「5の②」＋別表十七(三の六)「1」）	31				その他	
組合等損失超過合計額の損金不算入額又は組合等損失超過合計額の損金算入額（別表九(二)「10」）	32					
対外船舶運航事業者の日本船舶による収入金額に係る所得の金額の損金算入額又は益金算入額（別表十(四)「20」、「21」又は「23」）	33				※	
合　　　計 (25)+(26)+(27)+(28)+(29)+(30)+(31)+(32)±(33)	34				外※	
契 約 者 配 当 の 益 金 算 入 額（別表九(一)「13」）	35					
特定目的会社等の支払配当又は特定投資信託の利益の分配等の損金算入額（別表十(八)「13」、別表十(九)「11」又は別表十(十)「16」若しくは「33」）	36	△		△		
中間申告における繰戻しによる還付に係る災害損失欠損金額の益金算入額	37				※	
非適格合併又は残余財産の全部分配等による移転資産等の譲渡利益額又は譲渡損失額	38				※	
差　　引　　計 (34)から(38)までの計	39	2,800,000		2,800,000	外※	
欠 損 金 又 は 災 害 損 失 金 等 の 当 期 控 除 額（別表七(一)「4の計」＋（別表七(二)「9」若しくは「21」又は別表七(三)「10」））	40	2,800,000			※	△ 2,800,000
総　　　計 (39)+(40)	41				外※	
新鉱床探鉱費又は海外新鉱床探鉱費の特別控除額（別表十「43」）	42	△			※	△
農業経営基盤強化準備金積立額の損金算入額（別表十二(十四)「10」）	43	△		△		
農用地等を取得した場合の圧縮額の損金算入額（別表十二(十四)「43の計」）	44	△		△		
関西国際空港用地整備準備金積立額、中部国際空港整備準備金積立額又は再投資等準備金積立額の損金算入額（別表十二(十一)「15」、別表十二(十二)「10」又は別表十二(十五)「12」）	45	△		△		
特別新事業開拓事業者に対し特定事業活動として出資をした場合の特別勘定繰入額の損金算入額（別表十(六)「11」～「11」）	46	△		△		
残余財産の確定の日の属する事業年度に係る事業税及び特別法人事業税の損金算入額	47	△		△		
所 得 金 額 又 は 欠 損 金 額	48				外※	

設例2　青色欠損金の損金算入及び繰越控除（中小法人等以外の法人）

上記〔設例1〕において、M社が中小法人等以外の法人とした場合における欠損金の損金算入額及び繰越控除額の計算は、どのようになりますか。また、「欠損金又は災害損失金の損金算入等に関する明細書（法人税別表七（一））」及び「所得の全額の計算に関する明細書（法人税別表四）」の記載方法について教えてください。

解　答

1　控除前所得金額

　　2,800,000円（別表四「39①」）

2　所得金額控除限度額

　　上記1 × 50/100 ＝ 1,400,000円

3　当期控除額

　①　令和元年度分

　　　2,400,000円→0円（白色申告のため対象外）

　②　令和2年度分

　　イ　欠損金額　　　　　　　　8,500,000円

　　ロ　所得金額控除限度額　　　1,400,000円

　　ハ　イ＞ロ　　∴　1,400,000円

4　翌期繰越額

　　8,500,000円− 1,400,000円＝ 7,100,000円

解　説

確定申告書を提出した法人で、欠損金の生じた事業年度において青色申告書を提出し、その後の事業年度において連続して確定申告書を提出していれば、その事業年度開始の日前10年以内に開始した事業年度に生じた欠損金額は、その各事業年度の損金の額に算入されます。

なお、中小法人等以外の法人については、所得控除限度額が50％相当額とされます。

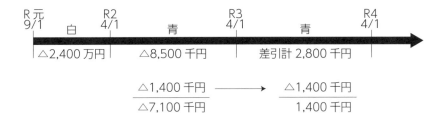

明細書の記載

1　明細書の適用

　この明細書は、法人が、当期に欠損金額を生じた場合（青色申告書を提出している場合に限ります。）に、その欠損金額につき翌期以後に「青色申告書を提出した事業年度の欠損金の繰越し」（法法57①）の規定の適用を受ける場合に使用します。

2　各欄の記載要領

(1)　「控除前所得金額『1』」の欄には、「差引計（別表四『39①』）」－「連結欠損金等の損金算入に関する明細書（別表七の二『9』又は『21』）」を記載します。

　設例の場合には、当期の差引計2,800,000円を記載します。

(2)　「所得金額控除限度額『2』」の欄には、当期が中小法人等事業年度に該当する事業年度である場合、「控除前所得金額『1』×100/100」を記載します。

　設例の場合には、控除前所得金額×50/100＝1,400,000円を記載します。

(3)　「控除未済欠損金額『3』」の欄には、青色欠損金額のうち、当期首前9年以内に開始した事業年度において生じたもの（平成30年4月1日前に開始した事業年度において生じたものに限り、青色欠損金額とみなされた金額を含みます。）又は当期首前10年以内に開始した事業年度において生じたもの（平成30年4月1日以後に開始する事業年度において生じたものに限り、青色欠損金額とみなされた金額を含みます。）で、過去に繰越控除又は繰戻しを受けなかった金額（前期分のこの明細書の「翌期繰越額」）を古い事業年度の分から順次記載します。

（記載例：3 月決算法人）

　令和 4 年 3 月期（自令和 3 年 4 月 1 日至令和 4 年 3 月 31 日）に生じた青色欠損金額を 10 年間繰り越した場合に控除することとなる事業年度は令和 14 年 3 月期（自令和 13 年 4 月 1 日至令和 14 年 3 月 31 日）となります。

（4）「当期控除額『4』」の欄には、古い事業年度の分から順次補填するものとしてその控除できる金額を記載します。

欠損金又は災害損失金の損金算入等に関する明細書		事業年度	3・4・1 4・3・31	法人名	M社	別表七(一)

控除前所得金額 (別表四「39の①」)－(別表七(二)「9」又は「21」)	1	2,800,000 円	所得金額控除限度額 (1) × 50又は100/100	2	1,400,000 円	令三・四・一以後終了事業年度分

事業年度	区　分	控除未済欠損金額 3	当期控除額 (当該事業年度の(3)と((2)－当該事業年度前の(4)の合計額))のうち少ない金額 4	翌期繰越額 ((3)－(4))又は(別表七(三)「15」) 5
・　・	青色欠損・連結みなし欠損・災害損失	円	円	
・　・	青色欠損・連結みなし欠損・災害損失			円
・　・	青色欠損・連結みなし欠損・災害損失			
・　・	青色欠損・連結みなし欠損・災害損失			
・　・	青色欠損・連結みなし欠損・災害損失			
・　・	青色欠損・連結みなし欠損・災害損失			
・　・	青色欠損・連結みなし欠損・災害損失			
・　・	青色欠損・連結みなし欠損・災害損失			
2・4・1 3・3・31	(青色欠損)・連結みなし欠損・災害損失	8,500,000	1,400,000	7,100,000
	計			

別表四 40欄へ移記

当期分	欠損金額 (別表四「48の①」)		欠損金の繰戻し額	
	同上のうち	災害損失金		
		青色欠損金		
	合　計			

災害により生じた損失の額の計算				
災害の種類			災害のやんだ日又はやむを得ない事情のやんだ日	・　・
災害を受けた資産の別		棚卸資産 ①	固定資産 (固定資産に準ずる繰延資産を含む。) ②	計 ①＋② ③
当期の欠損金額 (別表四「48の①」)	6			円
災害により生じた損失の額	資産の滅失等により生じた損失の額	7	円	円
	被害資産の原状回復のための費用等に係る損失の額	8		
	被害の拡大又は発生の防止のための費用に係る損失の額	9		
	計 (7)＋(8)＋(9)	10		
保険金又は損害賠償金等の額	11			
差引災害により生じた損失の額 (10)－(11)	12			
同上のうち所得税額の還付又は欠損金の繰戻しの対象となる災害損失金額	13			
中間申告における災害損失欠損金の繰戻し額	14			
繰戻しの対象となる災害損失欠損金額 ((6の③)と((13の③)－(14の③))のうち少ない金額)	15			
繰越控除の対象となる損失の額 ((6の③)と((12の③)－(14の③))のうち少ない金額)	16			

所得の金額の計算に関する明細書

事業年度	3・4・1 4・3・31	法人名	M社

別表四　令三・四・一以後終了事業年度分

御注意　「48」の「①」欄の金額は、「②」欄の金額に「③」欄の本書の金額を加算し、これから「※」の金額を加減算した額と符合することになりますから留意してください。

区　分		総額①	処分 留保②	社外流出③
当 期 利 益 又 は 当 期 欠 損 の 額	1	円	円	配当 / その他
加算｜損金経理をした法人税及び地方法人税（附帯税を除く）	2			
損金経理をした道府県民税及び市町村民税	3			
損金経理をした納税充当金	4			
損金経理をした附帯税（利子税を除く）加算金、延滞金（延納分を除く）及び過怠税	5			その他
減 価 償 却 の 償 却 超 過 額	6			
役 員 給 与 の 損 金 不 算 入 額	7			その他
交 際 費 等 の 損 金 不 算 入 額	8			その他
	9			
	10			
小　計	11			
減算｜減価償却超過額の当期認容額	12			
納税充当金から支出した事業税等の金額	13			
受取配当等の益金不算入額（別表八(一)「13」又は「26」）	14			※
外国子会社から受ける剰余金の配当等の益金不算入額（別表八(二)「26」）	15			※
受 贈 益 の 益 金 不 算 入 額	16			※
適格現物分配に係る益金不算入額	17			※
法人税等の中間納付額及び過誤納に係る還付金額	18			
所得税額等及び欠損金の繰戻しによる還付金額等	19			※
	20			
小　計	21			外※
仮　計 (1)＋(11)－(21)	22			外※
対象純支払利子等の損金不算入額（別表十七(二の二)「27」又は「32」）	23			その他
超過利子額の損金算入額（別表十七(二の三)「10」）	24	△		※ △
仮　計 ((22)から(24)までの計)	25			外※
被合併法人の最終の事業年度の欠損金の損金算入額	26	△		※ △
寄 附 金 の 損 金 不 算 入 額（別表十四(二)「24」又は「40」）	27			その他
所謂の認定法人又は国家戦略特別区域における指定法人の所得の特別控除額（別表十(一)「9」若しくは「13」又は別表十(二)「8」）	28	△		※ △
法 人 税 額 か ら 控 除 さ れ る 所 得 税 額（別表六(一)「6の③」）	29			その他
税 額 控 除 の 対 象 と な る 外 国 法 人 税 の 額（別表六(二の二)「7」）	30			その他
分配時調整外国税相当額及び外国関係会社等に係る控除対象所得税額等相当額（別表六(五の二)「5の②」＋別表十七(三の六)「1」）	31			その他
組合等損失額の損金不算入額又は組合等損失超過合計額の損金算入額（別表九(二)「10」）	32			
対外船舶運航事業者の日本船舶による収入金額に係る所得の金額の損金算入額又は益金算入額（別表十(四)「20」、「21」又は「23」）	33			※
合　計 (25)＋(26)＋(27)＋(28)＋(29)＋(30)＋(31)＋(32)±(33)	34			外※
契 約 者 配 当 の 損 金 算 入 額（別表九(一)「13」）	35			
特定目的会社等の支払配当又は特定目的信託に係る受託法人の利益の分配等の損金算入額（別表十(八)「13」、別表十(九)「11」又は別表十(十)「16」若しくは「33」）	36	△	△	
中間申告における繰戻しによる還付に係る災害損失欠損金額の益金算入額	37			※
非適格合併又は残余財産の全部分配等による移転資産等の譲渡利益額又は譲渡損失額	38			
差 引 計 ((34)から(38)までの計)	39	2,800,000	2,800,000	外※
欠損金又は災害損失金等の当期控除額（別表七(一)「4の計」＋別表七(二)「9」若しくは「21」又は別表七(三)「10」）	40	△ 1,400,000		※ △ 1,400,000
総　計 (39)＋(40)	41			外※
新鉱床探鉱費又は海外新鉱床探鉱費の特別控除額（別表十(三)「43」）	42	△		※
農業経営基盤強化準備金積立額の損金算入額（別表十二(十四)「10」）	43		△	
農用地等を取得した場合の圧縮額の損金算入額（別表十二(十四)「43の計」）	44		△	
関西国際空港用地整備準備金積立額、中部国際空港整備準備金積立額又は再投資等準備金の損金算入額（別表十二(十一)「15」、別表十二(十二)「10」又は別表十二(十五)「12」）	45		△	
特別事業再編事業者に対し特定事業活動として出資をした場合の特別勘定繰入額の損金算入額又は特別勘定取崩額の益金算入額（別表十(六)「14」～「11」）	46			※
残余財産の確定の日の属する事業年度に係る事業税及び特別法人事業税の損金算入額	47	△	△	
所 得 金 額 又 は 欠 損 金 額	48	1,400,000		外※

3 繰越欠損金の控除上限の引上げによる投資の促進（令和３年度税制改正）

1 繰越欠損金の控除上限の特例

QUESTION

わが国の経済成長力を維持していくためには、コロナ禍で厳しい経営環境の中、赤字でも努力を惜しまず、DX、カーボンニュートラル、事業再構築・再編に向けた投資を行う企業に対し、コロナ禍で生じた欠損金に限り、税制上の優遇措置が創設されたそうですが、その内容について教えてください。

Point　コロナ禍で生じた欠損金に限り、繰越欠損金の控除上限（改正前50％）を最大５年間、投資額の範囲内で最大100％までの控除が可能とされます。

Answer
　青色申告書を提出する法人で産業競争力強化法等一部を改正する等の法律の施行の日（令和３年８月２日）から同日以後１年を経過する日までの間に産業競争力強化法の認定を受けたもののうちその認定に係る認定事業適応事業者であるものの適用事業年度（その認定に係る認定事業適応計画に記載された実施時期内の日を含む各事業年度であって、一定の要件を満たす事業年度に限ります。）において欠損金の繰越控除制度を適用する場合において、特例欠損事業年度において生じた欠損金額があるときは、超過控除対象額に相当する金額を欠損金の繰越控除制度において損金算入することができる金額に加算することとされます（措法66の11の４①。本書では「繰越欠損金の控

除上限の特例」といいます。）。

　なお、法人住民税及び法人事業税についても同様とされます。

図表1−5　控除額と控除上限の関係のイメージ図

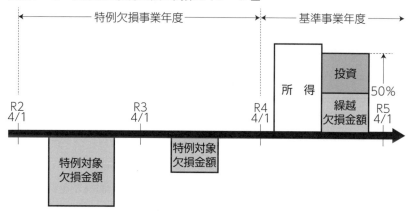

2 ｜ 特例対象欠損金額の定義

Question

　繰越欠損金の控除上限の特例における特例対象欠損金額の定義
について教えてください。

Point　原則として、令和2年度及び令和3年度に生じた欠損金が対
象とされます。また、令和元年度の欠損金もコロナ禍の影響を受けた
と認められる場合には対象とされます。

Answer

　「特例対象欠損金額」とは、令和2年4月1日から令和3年4
月1日までの期間内の日を含む事業年度で生じた欠損金（一定の場合
には、令和2年2月1日から同年3月31日までの間に終了する事業
年度及びその翌事業年度）において生じた青色欠損金額とされます
（措法66の11の4②）。

図表１－６　特例の対象となる欠損金額

特例欠損事業年度	超過控除対象額
令和２年４月１日から令和３年４月１日までの期間内の日を含む事業年度	対象欠損事業年度において生じた欠損金額のうち事業適応計画に従って行った投資の額に達するまでの金額が上限（最大５年間100％控除可能）

3 ｜ 基準事業年度の定義

QUESTION

繰越欠損金の控除上限の特例における基準事業年度の定義について教えてください。

Point　特例欠損事業年度の翌事業年度以後、最大５年間が繰越期間とされます。

Answer

「基準事業年度」とは、次のいずれにも該当する事業年度とされます（措法66の11の4①）。

①　基準事業年度（特例対象欠損金額が生じた事業年度のうちその開始の日が最も早い事業年度後の事業年度で所得の金額が生じた最初の事業年度とされます。）開始の日以後5年以内に開始した事業年度であること。

②　事業適応計画の実施時期を含む事業年度であること。

③　令和8年4月1日以前に開始する事業年度であること。

4 ｜ 超過控除対象額の定義

QUESTION

繰越欠損金の控除上限の特例における超過控除対象額の定義について教えてください。

Point　認定された事業計画に基づいて実施された投資について、事業所所轄大臣が確認し、その確認された投資額の範囲内で、特例を受けることが可能（最大 100％）とされます。

Answer
　「超過控除対象額」とは、事業適応計画に従って行った投資の額から既に本特例により欠損金の繰越控除前の所得の金額の50％を超えて損金算入した欠損金額に相当する金額を控除した金額とされます（措法66の11の4②）。

　超過控除対象額は、次の①から③に掲げる金額のうち、最も少ない金額とされます。

① 特例事業年度において生じた欠損金額から次に掲げる金額の合計額を控除した金額

　イ　その欠損金額に相当する金額で「青色欠損金」（法法57①）の規定により適用事業年度前の各事業年度の所得の金額の計算上損金の額に算入された金額の合計額

　ロ　その欠損金額に相当する金額でその欠損金額につき繰越欠損金の控除上限の特例（措法66の11の4①）の規定を適用しないものとした場合に「青色欠損金」（法法57①）の規定によりその適用事業年度の所得の金額の計算上損金の額に算入されることとなる金額

② 次のイに掲げる金額からロ及びハに掲げる金額の合計額を控除した金額

　イ　適用事業年度終了の日までに認定事業適応計画（産業競争力強化法21の16②）に従って行った投資の額として一定で定める金額

　ロ　適用事業年度前の事業年度で繰越欠損金の控除上限の特例（措法66の11の4①）の規定の適用を受けた各事業年度におけ

る各特例事業年度において生じた欠損金額に係る超過控除対象額
の合計額

ハ　適用事業年度におけるその特例事業年度前の各特例事業年度に
おいて生じた欠損金額に係る超過控除対象額の合計額

③　適用事業年度の欠損控除前所得金額の50％に相当額から前述し
た②ハに掲げる金額を控除した金額

5 │ **事業適応計画の定義**

Question

繰越欠損金の控除上限の特例における事業適応計画の定義につ
いて教えてください。

Point 　事業適応計画は、経済社会情勢の著しい変化に対応して行う
ものとして一定の基準に該当するものに限ります。

Answer

　事業適応計画は、①ポストコロナに向けた取組み（事業の再構
築等）、②取組みを進める上で必要となる投資（単純な維持・更新投
資は対象外）、③ROA（総資産利益率）を5％ポイント以上引き上げ
る等の目標、を記載した事業適応計画を策定し、事業所所轄大臣が確
認・認定されたものが対象となります。

　なお、事業適応計画はその認定要件を満たした上、次の要件を満た
す必要があります。認定された事業適応計画は、公表されます。

①　将来の成長に向けた投資内容を記載して事業適応計画を提出する
こと。

②　計画期間内に達成を見込む業績目標（ROAが事業適応計画認定
時の直近事業年度比5％ポイント向上など）を定めること。

③　投資計画（単純な維持・更新投資は対象外）が企業の成長に資す

る内容であること。

④　主務大臣が事業適応計画を認定し、投資実績を毎年確認すること。

6 | 適用関係

> **Q**UESTION
> 繰越欠損金の控除上限の特例の適用関係について教えてください。

Point　改正産業競争力強化法の施行の日である令和3年8月2日から適用されます。

Answer
　繰越欠損金の控除上限の特例は、産業競争力強化法の改正法の施行の日から同日以後1年を経過する日までの間（令和3年8月2日〜令和4年8月1日）に産業競争力強化法の事業適応計画の認定を受けた場合に適用されます（令和3年改正法附則1十イ）。

　事業適用計画については、経済産業省 HP（https://www.meti.go.jp/policy/economy/kyosoryoku_kyoka/jigyo-tekio.html）をご確認ください。

重要事例

●過去の事業年度について、その後に欠損金額が生じていたことが判明した場合においては、更正により当該事業年度の欠損金額として確定することができる場合に限り当該欠損金額を控除事業年度の所得金額の計算上損金の額に算入できるとされた事例（平17.12.19裁決・TAINS J 70－3－16)

《要旨》

　東京高等裁判所昭和63年9月28日判決〔昭和62年（行コ）第68号法人税更正処分取消請求控訴事件、最高裁判所平成元年4月13日判決の原審〕によれば、過去の事業年度における欠損金額を繰越欠損金の額として控除事業年度の所得金額の計算上損金の額に算入するためには、その過去の事業年度において所得金額の計算上欠損金額が認められる場合でなければならないとされている。すなわち、過去の事業年度について、その後に欠損金額が生じたことが判明した場合においては、更正により当該事業年度の欠損金額として確定することができる場合に限り、当該欠損金額を控除事業年度の所得金額の計算上損金の額に算入できると解すべきである。

　そこで、「国税の更正・決定等の期間制限」（通則法70②）の規定により、更正できなかった各事業年度については、過大に益金の額に算入された金額を所得金額から減算することによる欠損金額は生じなかったことが確定したのであるから、これを更正の対象となる各事業年度における所得の金額の計算上、損金の額に算入することはできないと裁決された。

4 | 青色申告書を提出しなかった事業年度の災害による損失金の繰越し

1 | 制度の概要

Question

青色申告書を提出していない法人（いわゆる白色申告法人）においても適用できる欠損金額の繰越控除制度があるそうですが、その制度の概要について教えてください。

Point　確定申告書を提出する法人については、青色申告書を提出していない場合でも災害損失欠損金については、10年間繰り越し、翌期以降の課税所得と相殺することができます。

Answer

内国法人の各事業年度開始の日前10年以内（平成30年4月1日前に開始する事業年度は9年）に開始した事業年度において生じた欠損金額（青色申告書を提出した事業年度の欠損金の繰越し）又は欠損金の繰戻しによる還付の適用があるものを除きます。）のうち、棚卸資産、固定資産又は一定の繰延資産について震災、風水害、火災等の災害により生じた災害損失欠損金額があるときは、その災害損失欠損金額に相当する金額は、その各事業年度の所得の金額の計算上、損金の額に算入されます（法法58①）。

なお、この規定における災害損失欠損金額の計算は、「災害損失欠損金額の繰戻しによる法人税額の還付」（法法80⑤）における災害損失の額の計算の取扱いと同様とされています（法基通12－2－8）。

図表1－7　災害損失欠損金額の繰越期間

適用期間	繰越期間
昭和35年4月1日～平成13年3月31日	5年
平成13年4月1日～平成23年3月31日	7年
平成23年4月1日～平成30年3月31日	9年
平成30年4月1日～現在	10年

2 ｜ 災害損失金の損金算入の限度

QUESTION

Q 平成28年度税制改正では、法人事業税の外形標準課税の更なる拡大（付加価値割・資本割の割合を8分の3から8分の5に拡大し、所得割の割合を引下げ）などの状況を踏まえ、大法人の経営への影響を平準化する観点から、平成27年度税制改正において講じられた青色申告書を提出した事業年度の欠損金の繰越控除制度、青色申告書を提出しなかった事業年度の災害による損失金の繰越控除制度及び連結欠損金の繰越控除制度における控除限度額が段階的に引き下げられたそうですが、このうち白色申告法人においても適用できる災害損失金の損金算入の限度の内容について教えてください。

Point　中小法人等以外の大法人について、所限控除度額が平成24年度から平成26年度に所得金額の80％相当額、平成27年度に65％相当額、28年度に60％相当額、平成29年度に55％相当額、平成30年度以降に50％相当額に段階的に引き下げられます。

Answer　中小法人等以外の大法人については、青色申告書を提出してい

　ない場合で適用できる災害損失金の繰越控除の適用を受ける事業年度の所得金額の50％相当額が限度（以下「控除限度額」といいます。）とされています（法法58①ただし書）。ただし、中小法人等については、所得控除限度額が100％相当額とされます（法法58⑥一）。

　また、控除限度額における計算の基礎となる所得金額は、「欠損金の繰越控除制度」（法法57①、58①、81の9①）及び「残余財産の確定する事業年度の事業税の損金算入制度」（法法62の5⑤）のほか、「会社更生等による債務免除等があった場合の欠損金の損金算入制度」（法法59②③）（民事再生等で一定の評定を行っていない場合及び解散の場合に限ります。）の規定を適用しないものとして計算した金額とされています（法法58①ただし書）。

　なお、控除限度額は、平成27年度税制改正及び平成28年度税制改正を受けて、図表1－8のとおり段階的に引き下がられています（法法57①、平成27年改正法附則1八の二、27①②、30①②）。

図表1－8　災害損失欠損金の控除限度額

事業年度開始の日の区分	控除限度額	
	中小法人等	中小法人等以外
平成24年3月31日以前	100%	100%
平成24年4月1日～平成27年3月31日		80%
平成24年4月1日～平成28年3月31日		65%
平成28年4月1日～平成29年3月31日		60%
年4月1日～平成30年3月31日		55%
平成30年4月1日以後		50%

3 ｜ 中小法人等の定義

UESTION

上記「**2**　災害損失金の損金算入の限度」における中小法人等の定義について教えてください。

Point　資本金の額が１億円以下である普通法人その他一定の法人とされています。

Answer

　中小法人等とは、各事業年度終了の時において、次の内国法人とされます（法法 57 ⑪、58 ⑥一、66 ⑥、法令 139 の 6、措法 42 の 3 の 2 ①）。

① 　普通法人（投資法人、特定目的会社及び受託法人を除きます。）のうち、各事業年度終了の時において資本金の額若しくは出資金の額が１億円以下であるもの（注）又は資本若しくは出資を有しないもの（保険業法に規定する相互会社を除きます。）

　　（注）事業年度終了の時において大法人（資本金の額若しくは出資金の額が
　　　　　５億円以上の法人又は相互会社等をいいます。以下同じ）との間にその大
　　　　　法人よる完全支配関係がある普通法人及び複数の完全支配関係がある大法
　　　　　人に発行済株式の全部を保有されている普通法人を除きます（法法 66 ⑥二
　　　　　〜三）。

② 　公益法人等又は協同組合等

③ 　人格のない社団等

4 ｜ 対象となる資産の範囲

UESTION

上記「**2**　災害損失金の損金算入の限度」における災害損失欠

損金の繰越控除ができる資産の範囲について教えてください。

Point　棚卸資産、固定資産及び一定の繰延資産について適用されます。

Answer

　災害等により損失を受けた場合に、その損失の額を繰り越すことができる資産とは、棚卸資産（商品、原材料、製品、半製品、仕掛品その他棚卸すべき資産）、固定資産及び固定資産に準ずる資産とされています（法法2二十、58①、法令10）。そこで、法人が固定資産として経理している長期貸付金、投資有価証券及び関係会社株式等は、税法上の固定資産に該当しないため、長期貸付金の債務者及び投資有価証券の対象会社が災害等で倒産し、損失が生じても災害損失欠損金の対象とはされませんので留意してください（法法2二十二、法令12）。

　また、固定資産に準ずる繰延資産とは、法人が支出する費用のうち、次に掲げるもののうち他の者の有する設備、構築物、その他の固定資産を利用するために支出されたものとされます（法令14①六、114、法基通12-2-2）。この場合において、繰延資産を計上している法人がその繰延資産の対象となった固定資産の損壊等により復旧に要する費用を支出した場合において、その復旧に要する費用が支出時の損金として認められるときは、その支出した費用の額は災害損失の額に該当することとされますのでに留意してください（法令116①、法基通12-2-2（注））。

①　自己が便益を受ける公共的施設又は共同的施設の設置又は改良のために支出する費用で支出の効果がその支出の日以後1年以上に及ぶもの

②　資産を賃借し又は使用するために支出する権利金、立退料その他

の費用で支出の効果がその支出の日以後1年以上に及ぶもの

③　役務の提供を受けるために支出する権利金その他の費用で支出の
効果がその支出の日以後1年以上に及ぶもの

④　製品等の広告宣伝の用に供する資産を贈与したことにより生ずる
費用で支出の効果がその支出の日以後1年以上に及ぶもの

⑤　①から④までに掲げる費用のほか、自己が便益を受けるために支
出する費用で支出の効果がその支出の日以後1年以上に及ぶもの

5 ｜ 災害の範囲

QUESTION
青色申告書を提出しなかった事業年度の災害による損失金の繰
越しにおける災害の範囲について教えてください。

Point　震災、風水害、火災その他の災害とされます。

Answer
青色申告書を提出しなかった事業年度の災害による損失金の繰
越しにおける災害の範囲とは、震災、風水害、火災、冷害、雪害、干
害、落雷、噴火その他の自然現象の異変による災害及び鉱害、火薬類
の爆発その他の人為による異常な災害並びに害虫、害獣その他の生物
による異常な災害とされます（法法58①、法令115）。

6 ｜ 災害損失欠損金の範囲

QUESTION
青色申告書を提出しなかった事業年度の災害による損失金の繰
越しにおける災害損失欠損金の範囲について教えてください。

Point　滅失、損壊又は価値の減少によってその資産の帳簿価額を減

額又は除去の費用その他の付随費用などで、保険金等により補塡され
た金額を控除した金額とされます。

Answer

　「青色申告書を提出しなかった事業年度の災害による損失金の
繰越し」（法法58①）に規定する災害損失欠損金の範囲とは、棚卸資
産、固定資産又は固定資産に準ずる繰延資産について生じた次に掲げ
る損失の額（保険金、損害賠償金その他これらに類するものにより補
塡されるものを除きます。）の合計額（「欠損金の繰戻しによる還付」
（法法80⑤）に規定する災害損失欠損金額に係る損失の額で一定で定
めるもののうちこの規定により還付を受けるべき金額の計算の基礎と
なったものを除きます。）に達するまでの金額とされます。

　また、棚卸資産又は固定資産の譲渡による損失の額は、原則として
災害損失の額には含まれません。しかし、被災事業年度において、法
人が、災害により著しく損傷したこれらの資産を譲渡したことにより
生じた損失の額のうち被害を受けたことに基因する金額を災害損失の
額に含めることができます（法基通12－2－3）。

　なお、災害損失の額には、けが人への見舞金、被災者への弔慰金等
のように滅失又は損壊した資産に直接関連しない費用は含まれません
ので留意してください（法基通12－2－4）。

①　災害によりその資産が滅失し、若しくは損壊したこと又は災害に
　よる価値の減少に伴いその資産の帳簿価額を減額したことにより生
　じた損失の額（その滅失、損壊又は価値の減少による当該資産の取
　壊し又は除去の費用その他の付随費用に係る損失の額を含みます。）

②　災害により当該資産が損壊し、又はその価値が減少した場合その
　他災害によりその資産を事業の用に供することが困難となった場合
　において、その災害のやんだ日の翌日から1年を経過した日（大規
　模な災害の場合その他やむを得ない事情がある場合には、3年を経

過した日）の前日までに支出する次に掲げる費用その他これらに類
する費用に係る損失の額

　　イ　災害により生じた土砂その他の障害物を除去するための費用

　　ロ　当該資産の原状回復のための修繕費

　　ハ　当該資産の損壊又はその価値の減少を防止するための費用

③　災害によりその資産につき現に被害が生じ、又はまさに被害が生
　　ずるおそれがあると見込まれる場合において、その資産に係る被害
　　の拡大又は発生を防止するため緊急に必要な措置を講ずるための費
　　用に係る損失の額

7 ｜ 滅失損等の計上時期

QUESTION

　青色申告書を提出しなかった事業年度の災害による損失金の繰
越しにおける滅失損等の計上時期について教えてください。

Point　　滅失損、損壊損及び評価損は、原則として災害の発生した事
業年度又は災害のやんだ日を含む事業年度に計上することとされま
す。

Answer

　　「災害による滅失等の損失の額」（法令116①一）に掲げる損失
の額は、災害のあった日の属する被災事業年度又は災害のやんだ日の
属する事業年度において損金経理をした金額に限られます。そこで、
被災事業年度又は災害のやんだ日の属する事業年度に損金に計上しな
いで、その後の事業年度において評価損を計上しても、その評価損
は、災害損失に該当しないこととされます。

　　ただし、災害により被害を受けた棚卸資産、固定資産又は固定資産
に準ずる繰延資産が損壊し、又はその価値が減少した場合その他災害

によりその資産を事業の用に供することが困難となった場合における
取壊費等については、災害のやんだ日の翌日から1年を経過した日の
前日までに支出したものをその支出の日の属する事業年度において損
金経理することができます（法基通12－2－1）。

8 ｜ 繰越損失金の損金算入の順序

QUESTION

「青色申告書を提出した事業年度の欠損金」（法法57①）と
「青色申告書を提出しなかった事業年度の災害損失金」（法法58
①）がそれぞれ繰り越されている場合には、どちらを先に控除す
べきか教えてください。

Point　最も古い事業年度において生じたものから順次損金算入する
こととされます。

Answer
　　各事業年度開始の日前10年以内に開始した事業年度において、
「青色申告書を提出した事業年度の欠損金の繰越し」（法法57①）に
おける欠損金と「青色申告書を提出しなかった事業年度の災害による
損失金の繰越し」（法法58①）における災害損失金がそれぞれ生じて
いる場合には、これらのうち最も古い事業年度の欠損金又は災害損失
金について損金算入することとされます。また、控除限度額の残額が
ある場合には翌事業年度に繰り越すこととされます（法基通12－2
－16）。

　なお、災害損失の繰越控除の適用を受けた事業年度後の各事業年度
においては、その適用を受けた事業年度前の事業年度において生じた
災害損失欠損金のうち、損金の額に算入された金額に相当する金額
は、ないものとされます（法令116②）。

9 │ 手続規定

Question

「青色申告書を提出しなかった事業年度の災害による損失金の
繰越し」（法法 58 ①）の規定の適用を受けようと考えています
が、その手続規定について教えてください。

Point　災害損失欠損金額の生じた事業年度について、その損失の額
の計算に関する明細を記載した確定申告書を提出し、かつ、その後に
おいて連続して確定申告書を提出している場合に限り、適用すること
ができます。

Answer

　「青色申告書を提出しなかった事業年度の災害による損失金の
繰越し」（法法 58 ①）の規定は、災害損失欠損金額の生じた事業年度
の確定申告書、修正申告書又は更正請求書にその損失の額の計算に関
する明細書（法人税別表七（一））を添付し、かつ、その災害の生じ
た事業年度から繰越控除を受ける事業年度まで連続して確定申告書を
提出している場合に限り適用することができます（法法 58 ⑤）。

　また、災害損失欠損金額が生じた事業年度の「取引に関する帳簿及
びその記載事項等」（法規 66 ①）に規定する帳簿及び「帳簿書類の整
理保存等」（法規 67 ①）に掲げる書類を整理し、これを納税地（取引
に関して受け取った注文書、契約書、領収書等又は自己が作成したこ
れら書類の写しについては、その取引に係る国内の事務所、事業所等
の所在地）に保存しなければなりません（法法 150 の 2、法規 26 の 5）。

　保存期間は、帳簿にあっては閉鎖の日の属する事業年度終了の日の
翌日から 2 月を経過した日、書類についてはその作成又は受領の日の
日の属する事業年度終了の日の翌日から 2 月を経過した日からそれぞ

れ 10 年間とされています（法規 26 の 5 、59 ②）。「2 月を経過した日」とは、確定申告書の提出期限の延長がされている場合には、その延長に係る月数を加えた月数を経過した日とされ、精算中の法人について残余財産が確定した場合には、その確定した日から 1 月を経過した日とされます（法法 75 の 2 、法規 59 ②）。

　なお、帳簿の例示及び保存期間については、10 ページの「**5**　帳簿書類の保存」を参照してください。

重要事例

●修正経理に係る損失の額は、仮装経理をした各事業年度について税務署長が更正を行うことにより確定すると判断された事例（平 17.2.24 裁決・TAINS J 69 − 3 − 14）

《要旨》

　請求人は、仮装経理に基づく過大申告額を修正経理した場合の損失の額について、その損失の額が「青色申告書を提出した事業年度の欠損金の繰越し」（法法 57 ①）に規定する前 5 年（現行：10 年）以内の各事業年度に係る金額であれば、当該損失の額は修正経理をした事業年度の損金として認められるべきである。また、税務調査が遅くなり、さらに前回調査で仮装経理の事実を確認していたのであるから、「国税の更正・決定等の期間制限」（通則法 70 ②）の規定を適用することは違法である旨を主張した。

　これに対して審判所は、法人の各事業年度の所得の金額の計算上、損金の額に算入される金額は、その金額がその事業年度において生じたものであることが必要であり、修正経理に係る損失の額は、仮装経理をした各事業年度について税務署長が更正を行うことにより、当該仮装経理をした各事業年度の損金の額として確定し、欠損金相当額は繰越欠損金として控除対象となるものであって、国税の更正・決定等の期間制限の規定により減額更正できなかった欠損金額は生じなかったことに確定したのであるから、これを本件事業年度の繰越欠損金の当期控除額として損金の額に算入することはできないとした。

　また、税務調査は、「当該職員の質問検査権」（旧法法153）の規定
（平成23年12月法律第114号により削除）に基づき行われるもので、
質問調査の範囲、程度、時期、場所、手段など実定法に特段の定めの
ない実施細目については、これを担当する原処分庁の職員の合理的な
判断にゆだねられていると解されるところ、請求人に対する税務調査
について不当、違法とする事情は認められない。さらに、請求人は、
前回調査時には修正経理を行った確定申告書を提出していなかったの
であるから、納税者の主張は失当であると裁決された。

5 | 欠損金の繰戻しによる還付

1 | 制度の概要

Question

青色申告書を提出している法人において適用できる欠損金の繰戻しによる還付制度の概要について教えてください。

Point 　欠損事業年度開始の日前1年以内に開始したいずれかの事業年度の所得に対する法人税の一部又は全部を還付する制度とされます。

Answer

　内国法人の青色申告書である確定申告書を提出する事業年度において生じた欠損金額がある場合には、その内国法人は、その申告書の提出と同時に、納税地の所轄税務署長に対し、欠損事業年度開始の日前1年以内に開始したいずれかの事業年度の所得に対する法人税の額の一部又は全部に相当する法人税の還付を請求することができます（法法80①）。

　なお、欠損金の繰戻しによる還付は、中小企業者等に該当する場合及び解散等の場合の特例に該当する場合以外には、欠損金の繰戻還付が停止されています（詳細は後述「**4**　中小企業者等以外の法人の欠損金の繰戻しによる還付の不適用」及び「第3章　会社解散による欠損金の活用と留意点」を参照）。

2 ｜ 計算方法

Question
欠損金の繰戻しによる還付金額の計算方法について教えてください。

Point　還付所得事業年度の法人税の額に、還付所得事業年度の所得の金額のうちに占める欠損事業年度の欠損金額に相当する金額の割合を乗じて計算します。

Answer
欠損事業年度開始の日前1年以内に開始したいずれかの事業年度の所得に対する法人税の額に、そのいずれかの事業年度（以下「還付所得事業年度」といいます。）の所得の金額のうちに占める欠損事業年度の欠損金額に相当する金額の割合を乗じて計算した金額に相当する法人税の還付を請求することができます（法法80①）。

〔算式〕

$$還付請求できる金額 = \frac{還付所得事業年度}{の法人税額（注1）} \times \frac{欠損事業年度の欠損金額（注2）}{還付所得事業年度の所得金額}$$

（注1）還付所得事業年度の法人税額は、附帯税の額を除きます。また、「所得税額の控除」（法法68）、「外国税額の控除」（法法69）及び「仮装経理に基づく過大申告の更正に伴う法人税額の控除」（法法70）の規定により控除された金額がある場合には、その金額を加算した金額とします。

（注2）分母の金額を限度とします。

3 ｜ 繰戻還付の仕組み

Question
欠損金の繰戻しによる還付金額の仕組みについて教えてください。

Point　欠損金額が発生した事業年度の直前事業年度に法人税を納付していた場合には、還付請求を行うことができます。

Answer
　　　欠損金の繰戻しは、青色申告書を提出する法人において欠損金額が生じた場合において、その欠損金額をその欠損が生じた事業年度開始の日前1年以内に開始した事業年度に繰り戻して、その直前事業年度（還付所得事業年度）の法人税の一部又は全部の還付を請求できる制度とされています。

　なお、欠損金の繰戻しによる還付金額の仕組みは、図表1−9のとおりとされいます。

図表1−9　欠損金の繰戻還付金額の仕組み

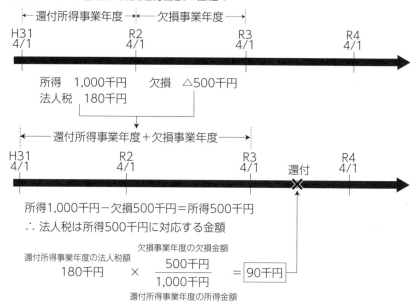

4 中小企業者等以外の法人の欠損金の繰戻しによる還付の不適用

QUESTION

中小企業者等に該当する場合及び解散等の場合の特例に該当する場合以外には、欠損金の繰戻還付が停止されているそうですが、これらの措置のうち中小企業者等以外の法人の欠損金の繰戻しによる還付の不適用の措置の内容について教えてください。

Point 平成4年4月1日から令和4年3月31日までの間は、原則として欠損金の繰戻還付が停止されています。

Answer

「青色申告書を提出している法人において適用できる欠損金の繰戻しによる還付」（法法80①）の規定は、中小企業者等以外の法人の平成4年4月1日から令和4年3月31日までの間に終了する各事業年度において生じた欠損金については、原則として、繰戻還付制度は停止されています（措法66の12①）。

ただし、清算中に終了する事業年度に該当する場合及び解散等の事実が生じた一定の事業年度（以下「解散等の場合の特例」といいます。）に該当する場合においては、この停止の対象とされていません（措法66の12①、法法80④）。

そこで、中小企業者等については、通常の各事業年度及び清算中の各事業年度においても欠損金の繰戻しによる還付制度が適用できますが、中小企業者以外の法人では、その適用が制限されています。

5 │ 中小企業者等の範囲

Question

欠損金の繰戻還付の対象となる中小企業者等の範囲について教えてください。

Point　普通法人のうち、資本金の額が1億円以下である法人などをいいます。

Answer

中小企業者等の範囲は、次に掲げる法人とされます（措法66の12、措令39の24①②）。

① 普通法人のうち、その事業年度終了の時において資本金の額若しくは出資金の額が1億円以下であるもの（注）又は資本若しくは出資を有しないもの（保険業法に規定する相互会社等を除きます。）

（注）その事業年度終了の時において、次に掲げる法人との間にこれらの法人による完全支配関係がある法人に該当するものを除きます。

　（イ）資本金の額又は出資金の額が5億円以上である法人

　（ロ）受託法人（法法4の7）

　（ハ）相互会社

② 公益法人等又は協同組合等

③ 認可地縁団体、管理組合法人、団地管理組合法人、法人である政党、防災街区整備事業組合、特定非営利活動法人及びマンション建替組合

④ 人格のない社団等

6 | 地方法人税

Q<small>UESTION</small>

欠損金の繰戻還付の対象となる地方法人税の適用税率について教えてください。

P<small>oint</small>　10.3％（令和元年 10 月 1 日前に開始した課税事業年度の適用税率：4.4％）とされます。

A<small>nswer</small>

　地方法人税については、税務署長が法人税を還付する場合に地方法人税の額でその還付の時において確定しているものがあるときには、法人税の還付金の額に 10.3％（令和元年 10 月 1 日前に開始した課税事業年度の適用税率：4.4％）を乗じて計算した金額が還付額とされます（地法 23 ①）。

　そこで、地方法人税の額の還付金は、課税事業年度（還付所得事業年度）に応じた適用税率を用いて計算することとされます。例えば、欠損事業年度が令和 3 年 3 月期（令和 2 年 4 月 1 日から令和 3 年 3 月 31 日）であれば、還付所得事業年度（平成 31 年 4 月 1 日から令和 2 年 3 月 31 日）の適用税率は 4.4％となりますので、留意してください。

図表 1 − 10　地方法人税の適用税率

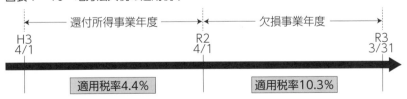

7 | 手続規定

Question
還付を受けるための手続について教えてください。

Point 　欠損金の繰戻しによる還付請求書を納税地の所轄税務署長に
提出しなければなりません。

Answer
　　　欠損金の繰戻しによる還付請求を受ける場合は、図表1－11
に掲げるすべての要件を満たす必要があります。

図表1－11　欠損金の繰戻還付の手続規定

区　　分	適用要件
法　人　税	①　還付所得事業年度から欠損事業年度の前事業年度まで連続して青色申告書である確定申告書を提出していること（法法80③）。 ②　欠損事業年度の確定申告書を青色申告書により提出期限内に提出していること（法法80①）。 ③　欠損事業年度の確定申告書の提出と同時に「欠損金の繰戻しによる還付請求書」を提出していること（法法80⑤）。
地方法人税	税務署長が法人税を還付する場合に地方法人税も併せて還付することとされていますので、特段の手続は不要

（注）法人税申告書別表一（一）の「この申告による還付金額『27』」欄に法人
　　税の還付金額及び「この申告による還付金額『45』」欄に地方法人税の還付
　　金額を外書きすること。

8 | 税務調査への対応（還付金額の決定及び還付）

Question
欠損金の繰戻還付請求書を提出すると税務調査があるそうです
が、本当でしょうか。

Point　請求の基礎となった欠損金額が適正であるか否かの調査を
行った上、法人税の還付が行われることとなります。

Answer
　「欠損金の繰戻しによる還付請求書」を提出した場合には、税
務署長は、その請求の基礎となった欠損金額その他必要な事項につい
て調査し、その調査したところにより、その請求をした内国法人に対
し、その請求に係る金額を限度として法人税を還付し又は請求の理由
がない旨が書面により通知されます（法法80⑥）。
　具体的には、納税地の税務署長は、次の事項について調査を行った
上、税務計算上の適正な欠損金額等に基づいて還付請求が行われてい
ることを確認し、法人税額の還付を行います（法法80⑦）。
①　請求の基礎となった欠損金額があるかどうか
②　その欠損金額が適正であるかどうか
③　その他必要な事項
　筆者の事務所でも、「欠損金の繰戻しによる還付の還付請求書」を
提出した際に、税務調査を受けたことが数回ありました。これらの調
査では、欠損事業年度を中心に売上高の内容、売上原価の内容及び期
末棚卸表の内容を元帳と原始資料を中心にチェックするものが主流で
あり、従来の税務調査手法と変わるところはありませんでした。

9 ｜ 欠損金の繰戻しによる還付における還付金額の計算

QUESTION
　還付所得事業年度の所得金額及び法人税額に増減する事実が生
じた場合における欠損金の繰戻しによる還付金額は、どのように
計算しますか。

Point　還付金額の算定を行う時において確定している還付所得事業

年度の所得の金額及び法人税の額並びに欠損事業年度の欠損金額を基礎として算定することとされます。

Answer

　「欠損金の繰戻しによる還付」（法法80①）の規定による法人税の還付請求があった場合において、その還付請求について還付すべき金額は、その金額の算定を行う時において確定している還付所得事業年度の所得の金額及び法人税の額並びに欠損事業年度の欠損金額（当該欠損金額が請求に係る還付金額の計算の基礎として法人が還付請求書に記載した欠損金額を超える場合には、その記載した金額）を基礎として計算した金額とされます。そこで、税務調査により、その確定している欠損金額が請求に係る還付金額の計算の基礎として還付請求書に記載された欠損金額を超えていることが判明した場合でも、その記載された欠損金額までとされます（法基通17－2－2）。

　なお、還付所得事業年度の所得の金額に誤りがあること判明した結果、確定した金額に基づき計算し直した所得の金額により算定された還付金額が多くなるときは、その計算し直した還付金額が還付されます。

　また、この規定は、後述する「解散等の場合の特例」（法法80④）又は「災害損失欠損金の繰戻しによる法人税額の還付」（法法80⑤）により法人税の還付請求があった場合においても、同様とされます（法基通17－2－2）。

10 ｜ 還付請求書だけが期限後に提出された場合

QUESTION

　欠損金の繰戻しによる還付の請求は、原則として確定申告書の提出と同時にその確定申告書の提出期限までに行いましたが、その後、還付請求書を期限後申告書と同時にもう一度提出した場合

には、還付請求が認められますか。

Point　還付請求書を期限後に提出した場合であっても、その提出遅延について真にやむを得ない事情があると認められるときは、還付請求が認められます。

Answer　法人が確定申告書を期限内に提出され、その申告書に記載された欠損金額に基づく法人税の還付請求書だけが期限後に提出された場合において、その期限後の提出が錯誤に基づくものである等、期限後の提出について税務署長が真にやむを得ない理由があると認めるときは、欠損金の繰戻しによる還付の規定を適用することができることとされています（法基通17－2－3）。

重要事例

- ●欠損金の繰戻しによる還付請求をしたところ、処分行政庁から、還付請求書がその提出期限までに提出されなかったことを理由として、当該還付請求には理由がない旨の通知処分を受けたことから、その取消しを求めた事例（名古屋地判平.23.7.28（上告棄却・不受理）・TAINS Z 261－11723）

《要旨》

　欠損金の繰戻しによる法人税の還付については、欠損事業年度の確定申告書をその提出期限までに提出し、その提出と同時に還付請求書を所轄税務署長に提出し、欠損金の繰戻しによる還付を請求することが必要である旨規定している（法法80①③）。この場合において、確定申告書が提出期限後に提出された場合であっても、その期限後提出について「やむを得ない事情」があると認められるときは、期限後の還付請求も許容されている。

　法人税基本通達17－2－2の「真にやむを得ない理由」があると認められるときは、上記の法人税法の趣旨を踏まえた取扱いと解される

が、飽くまでも、そのような取扱いは、法人の責めに帰することのできない特別の事情により法人が確定申告書の提出と同時に期限内に還付請求をなし得なかったと合理的に認められる例外的な場合に限られるというべきである。

　原告は、本件還付請求書に添付して提出した平成21年6月12日付け嘆願書において、「3月末の国会で中小法人の法人税法80条1項の欠損金の還付請求ができるように法案が通過し、不覚にも平成21年2月10日決算報告書に対して欠損還付請求を失念してしまいました。」と記載している。また、乙税理士は、本件還付請求書を提出期限後に提出した理由について、原告の取引先の証券会社の従業員から欠損金の繰戻しによる法人税の還付請求ができるのではないかとの指摘を受けたことがきっかけである旨述べていた。

　判決では、認定事実によれば、欠損金の繰戻しによる還付制度の改正を含む税制改正法は、一般国民が知ることができる状態に置かれていたと認められ、還付請求書の提出が確定申告書の提出期限後となった理由は、原告の単なる税法の不知あるいは原告の失念に起因するものであることは明らかであるとし、そうすると、原告の責めに帰することのできない特別の事情が存したとは認められず、結局、還付請求書が確定申告書の提出期限後に提出された場合であってもなお法人税法80条1項の規定を適用すべき例外的な場合に当たるものということはできないことから、本件還付請求に理由がないとする本件処分は適法であり、原告の請求は理由がないと判示された。

11 ｜ 設例による検討

設例1　欠損金の繰戻しによる還付請求書

　次の資料に基づき、中小企業者に該当するM社の当期（令和4年4月1日～令和5年3月31日）における欠損金の繰戻しによる還付請求すべき金額の計算は、どうなりますか。

　また、「欠損金又は災害損失金の損金算入等に関する明細書（別表

七（一）」、「各事業年度の所得に係る申告書（法人税別表一・別表一
次葉）」及び「欠損金の繰戻しによる還付請求書」の記載方法につい
て教えてください。

(1) M社は設立以来継続して青色申告書を提出しており、当期におい
ても青色申告書を提出しています。

(2) M社の当期における税務上の欠損金額は、5,000,000円となりま
す。

(3) M社の前期における別表一（一）の差引所得に対する法人税額は、
3,540,000円であり、これに関して留意すべき事項は、下記のとおり
となります。

① 試験研究費の特別控除額　　　　120,000円

② 所得税額の控除　　　　　　　　250,000円

③ 外国税額の控除　　　　　　　　350,000円

(4) 前期の所得金額は、15,000,000円となります。

解　答

$$\underset{\text{差引法人税額}}{(3,540,000\text{円}}+\underset{\text{控除所得税額}}{250,000\text{円}}+\underset{\text{控除外国税額}}{350,000\text{円})}\times\frac{\overset{\text{欠損事業年度の欠損金額}}{5,000,000\text{円}}}{\underset{\text{還付所得事業年度の所得金額}}{15,000,000\text{円}}}$$

$$\underset{\text{欠損金の繰戻還付金額}}{=1,380,000\text{円}}$$

解　説

　還付所得事業年度の法人税額の計算は、「所得税額の控除」（法法68）、
「外国税額の控除」（法法69）及び「仮装経理に基づく過大申告の場合更
正に伴う法人税額の控除」（法法70）の規定により控除された金額がある
場合には、その金額を加算した金額となります。

　この場合において、「試験研究費の特別控除額」（措法42の4）などの
租税特別措置法における特別税額控除は加算の対象となりませんので留意
してください。

実務上の留意

　欠損金の繰戻しによる還付税額を行う場合には、確定申告書への記載が

必要となります。

　具体的には、法人税別表一（一）の「欠損金の繰戻しによる還付請求額『27』」欄に外書きとして、地方法人税の還付請求税額の記載箇所は「この申告による還付金額『45』」欄に外書き記載しなければなりませんが、実務上この別表一（一）の記載を忘れることが多いようですので留意してください。

還付請求書の記載

1　欠損事業年度の欠損金額の記入

① 「欠損金額『1』」の欄には、欠損事業年度において生じた欠損金額（別表一（一）『1』の「所得金額又は欠損金額」欄に記載された欠損金額）を記載します。

　　設例の場合には、当期の欠損金額 5,000,000 円を記載します。

② 「同上のうち還付所得事業年度に繰り戻す欠損金額『2』」欄には、欠損事業年度の欠損金額のうち還付所得事業年度に繰戻しをしようとする金額を記載します。設例の場合には、当期の欠損金額 5,000,000 円を記載します。

2　還付所得事業年度の所得金額の記入

① 「所得金額『3』」欄には、還付所得事業年度の所得金額（別表一（一）『1』の「所得金額又は欠損金額」欄に記載された所得金額）を記載します。

　　設例の場合には、前期の所得金額 15,000,000 円を記載します。

② 「既に欠損金の繰戻しを行った金額『4』」欄には、還付所得事業年度について、既に欠損金の繰戻しにより、その一部の法人税額の還付を受けている場合にその繰戻しを行った欠損金を記入します。

3　還付所得事業年度の法人税額の記入

① 「納付の確定した法人税額『6』」欄には、還付所得事業年度の納付の確定した法人税額（別表一（一）『13』の「差引所得に対する法人税額」欄に記載された所得に対する法人税額）を記載します。

　　設例の場合には、3,540,000 円を記載します。

② 「仮装経理に基づく過大申告の更正に伴う控除法人税額『7』」欄には、還付所得事業年度において法人税額から控除した仮装経理に基づ

く過大申告の更正に伴う控除法人税額があった場合に、その金額を記載します。

③　「控除税額『8』」欄には、還付所得事業年度において法人税額から控除した所得税額、みなし配当の25％相当額及び外国税額の合計額を記載します。

　　設例の場合には、250,000円＋350,000円＝600,000円を記載します。

④　「既に欠損金の繰戻しにより還付を受けた法人税額『13』」欄には、還付所得事業年度について既に欠損金の繰戻しにより、その一部の法人税額の還付を受けている場合に、その還付を受けた法人税額（還付加算金は含みません。）を記載します。

⑤　「還付金額『15』」欄には、算式に基づいて計算した金額を記載します。なお、1円未満の端数が生じた場合は切り捨てます。

　　設例の場合には、〔解答〕の算式による1,380,000円を記載します。

欠損金の繰戻還付税額の会計処理及び税務処理

1　会計処理

　欠損金の繰戻しによる還付税金は、損益計算書上「法人税、住民税及び事業税」の次に「法人税繰戻還付額」などその内容を示す名称を付した科目をもって記載します。ただし、これらの金額の重要性が乏しい場合には、「法人税、住民税及び事業税」に含めて表示することができます（監査委員会報告63号）。

　また、税務上の欠損金が発生し、それを過去に支払った法人税の繰戻還付に利用する場合は、還付請求手続をとることにより債権となるため、その未収還付金額は税務上の欠損金発生年度に貸借対照表上、「未収還付法人税等」などその内容を示す適当な名称を付した科目で資産に計上し、繰延税金資産とは区別して表示します（個別財務諸表における税効果会計に関する実務指針第29項）。

《会計上の仕訳》

　（借）未収還付法人税等　×××　　　（貸）法人税繰戻し還付額　×××

《損益計算書上の表示》

　　税引前当期純損失金額　　　　×××

```
法人税、住民税及び事業税　　×××
法人税繰戻し還付額　　　　　×××
当期純損失金額　　　　　　　×××
```

《貸借対照表上の表示》

【流動負債】

　未収還付法人税等　×××

2　税務処理

　欠損金の発生事業年度において、会計上の仕訳を行った金額が法人税別表四及び別表五（一）において減算・留保の処理をします。

《別表四》

区　　分	総　　額	処　　分		
		留　保	社　外　流　出	
	①	②	③	
当期利益又は当期欠損の額			配当	
			その他	
加算				
減算 欠損金の繰戻還付金額	×××	×××		

《別表五》

Ⅰ　利益積立金額の計算に関する明細書				
区　　分	期首現在利益積立金額	当　期　の　増　減		期末現在利益積立金額
		減	増	
	①	②	③	④
欠損金の繰戻還付金額			×××	×××

欠損金又は災害損失金の損金算入等に関する明細書	事業年度	4・4・1 5・3・31	法人名	M社

控除前所得金額 (別表四「39の①」)-(別表七(二)「9」又は「21」)	1	円	所得金額控除限度額 (1)× 50又は100/100	2	円

事業年度	区　分	控除未済欠損金額 3	当期控除額 (当該事業年度の(3)と((2)-当該事業年度前の(4)の合計額))のうち少ない金額 4	翌期繰越額 ((3)-(4))又は(別表七(三)「15」) 5
・・	青色欠損・連結みなし欠損・災害損失	円	円	
・・	青色欠損・連結みなし欠損・災害損失			円
・・	青色欠損・連結みなし欠損・災害損失			
・・	青色欠損・連結みなし欠損・災害損失			
・・	青色欠損・連結みなし欠損・災害損失			
・・	青色欠損・連結みなし欠損・災害損失			
・・	青色欠損・連結みなし欠損・災害損失			
・・	青色欠損・連結みなし欠損・災害損失			
・・	青色欠損・連結みなし欠損・災害損失			
・・	青色欠損・連結みなし欠損・災害損失			
	計			

当期分	欠損金額 (別表四「48の①」)	5,000,000	欠損金の繰戻し額	
	同上のうち 災害損失金			
	同上のうち 青色欠損金	5,000,000	5,000,000	
	合　計			

災害により生じた損失の額の計算

災害の種類		災害のやんだ日又はやむを得ない事情のやんだ日	・　・

災害を受けた資産の別	棚卸資産 ①	固定資産 (固定資産に準ずる繰延資産を含む。) ②	計 ①+② ③
当期の欠損金額 (別表四「48の①」) 6			円
災害により生じた損失の額 資産の滅失等により生じた損失の額 7	円	円	
被害資産の原状回復のための費用等に係る損失の額 8			
被害の拡大又は発生の防止のための費用に係る損失の額 9			
計 (7)+(8)+(9) 10			
保険金又は損害賠償金等の額 11			
差引災害により生じた損失の額 (10)-(11) 12			
同上のうち所得税額の還付又は欠損金の繰戻しの対象となる災害損失金額 13			
中間申告における災害損失欠損金の繰戻し額 14			
繰戻しの対象となる災害損失欠損金額 (6の③)と((13の③)-(14の③))のうち少ない金額 15			
繰越控除の対象となる損失の額 (6の③)と((12の③)-(14の③))のうち少ない金額 16			

別表一　各事業年度の所得に係る申告書Ⅰ内国法人の分……令三・四・一以後終了事業年度等分

務署受付印	令和　年　月　日　税務署長殿	青色申告　一連番号
納税地	法人区分	整理番号
電話（　）　－	事業種目	事業年度（至）
（フリガナ）		売上金額
法人名　M社	同非区分　特定同族会社・同族会社・非同族会社	申告年月日
法人番号	旧納税地及び	通信日付印　確認　庁指定　局指定　指導等　区分
（フリガナ）	旧法人名等	年月日
代表者		申告区分
代表者住所	添付書類	法人税・地方法人税

令和 4 年 4 月 1 日　事業年度分の法人税　確定　申告書
令和 5 年 3 月 31 日　課税事業年度分の地方法人税　確定　申告書
（中間申告の場合　令和　年　月　日　の計算期間　令和　年　月　日）

翌年以降送付要否　要・否　　適用額明細書提出の有無　有・無
税理士法第30条の書面提出有　有　　税理士法第33条の2の書面提出有　有

項目	No	金額
所得金額又は欠損金額（別表四「48の①」）	1	50000000
法人税額（53）＋（54）＋（55）	2	
法人税額の特別控除額（別表六（六）「4」）	3	
差引法人税額（2）－（3）	4	
連結納税の承認を取り消された場合等における既に控除された法人税額の特別控除額の加算額	5	
土地譲渡税額 課税土地譲渡利益金額（別表三（二）「24」＋別表三（二の二）「18」＋別表三（三）「19」）	6	000
同上に対する税額（22）＋（23）＋（24）	7	
留保金 課税留保金額（別表三（一）「4」）	8	000
同上に対する税額（別表三（一）「8」）	9	
法人税額計（4）＋（5）＋（7）＋（9）	10	
分配時調整外国税相当額及び外国関係会社等に係る控除対象所得税額等相当額の控除額（別表六（五の二）「7」＋別表十七（三の六）「3」）	11	
仮装経理に基づく過大申告の更正に伴う控除法人税額	12	
控除税額（（10）－（11）－（12）と（19）のうち少ない金額）	13	
差引所得に対する法人税額（10）－（11）－（12）－（13）	14	
中間申告分の法人税額	15	
差引確定／中間申告の場合はその法人税額／税額（税額とし、マイナスの）（14）－（15）場合は、（26）へ記入）	16	
所得の 課税標準 所得金額に対する法人税額（9）	33	
金額の 法人税額 課税留保金額に対する法人税額（9）	34	
計算 課税標準法人税額（33）＋（34）	35	000
地方法人税額（58）	36	
課税留保金額に係る地方法人税額（59）	37	
所得地方法人税額（36）＋（37）	38	
分配時調整外国税相当額及び外国関係会社等に係る控除対象所得税額等相当額の控除額（別表六（五の二）「8」＋別表十七（三の六）「4」）	39	
外国税額の控除額（別表六（二）「50」）	40	
仮装経理に基づく過大申告の更正に伴う控除地方法人税額	41	
差引地方法人税額（38）－（39）－（40）－（41）	42	000
中間申告分の地方法人税額	43	000
差引確定／中間申告の場合はその／地方法人税額／税額とし、マイナス（42）－（43）／場合は、（45）へ記入）	44	000

項目	No	金額
控除税額の計算 控除所得税額（別表六（一）「6の③」）	17	
外国税額（別表六（二）「20」）	18	
計（17）＋（18）	19	
控除した金額（13）	20	
控除しきれなかった金額（19）－（20）	21	
土地譲渡税額の内訳 土地譲渡税額（別表三（二）「27」）	22	
同上（別表三（二の二）「28」）	23	
同上（別表三（三）「23」）	24	
この申告による還付金額 所得税額等の還付金額（21）	25	
中間納付額（15）－（14）	26	
欠損金の繰戻しによる還付請求税額	27	1380000
計（25）＋（26）＋（27）		1380000
この申告が修正申告である場合のこの申告により納付すべき法人税額 所得金額又は欠損金額（60）	29	
この申告により納付すべき法人税額又は減少する還付請求税額（65）	30	
欠損金又は災害損失金等の当期控除額（別表七（一）「4の計」＋別表七（四）「10」若しくは「21」又は別表七（四）「10」）	31	
翌期へ繰り越す欠損金又は災害損失金（別表七（一）「5の合計」）	32	
この申告による還付金額（43）－（42）	45	142140
この申告が修正申告である場合のこの申告により納付すべき地方法人税額 所得金額に対する法人税額（68）	46	
課税留保金額に対する法人税額（69）	47	
課税標準法人税額（70）	48	000
この申告により納付すべき地方法人税額（49）	49	000
剰余金・利益の配当（剰余金の分配）の金額		
残余財産の最後の分配又は引渡しの日　令和　年　月　日　決算確定の日　令和　年　月　日		

還付を受けようとする金融機関等　銀行・金庫・組合・農協・漁協　本店・支店・出張所・本所・支所　預金　口座　ゆうちょ銀行の貯金記号番号　－　郵便局名等　※税務署処理欄

税理士署名

欠損金の繰戻しによる還付請求書

		※整理番号	
		※連結グループ整理番号	

税務署受付印		納　税　地	〒　　　　　電話(　　)　　－
		（フリガナ）	
		法　人　名　等	M社
令和　年　月　日		法　人　番　号	|　|　|　|　|　|　|　|　|　|　|　|
		（フリガナ）	
		代　表　者　氏　名	㊞
		代　表　者　住　所	〒
△△　税務署長殿		事　業　種　目	業

法人税法第80条の規定に基づき下記のとおり欠損金の繰戻しによる法人税額の還付を請求します。

記

欠損事業年度	自 平成・令和 4年 4月 1日 至 平成・令和 5年 3月31日		還付所得事業年度	自 平成・令和 3年 4月 1日 至 平成・令和 4年 3月31日

区　　　　　分			請　求　金　額	※　金　　額
欠損事業年度の欠損金額	欠　損　金　額	(1)	5,000,000	
	同上のうち還付所得事業年度に繰り戻す欠損金額	(2)	5,000,000	
還付所得事業年度の所得金額	所　得　金　額	(3)	15,000,000	
	既に欠損金の繰戻しを行った金額	(4)		
	差引所得金額（（3）－（4））	(5)		
還付所得事業年度の法人税額	納　付　の　確　定　し　た　法　人　税　額	(6)	3,540,0 00	
	仮装経理に基づく過大申告の更正に伴う控除法人税額	(7)		
	控　　除　　税　　額	(8)	600,000	
	使　途　秘　匿　金　額　に　対　す　る　税　額	(9)	0 0	
	課税土地譲渡利益金額に対する税額	(10)		
	リ　ー　ス　特　別　控　除　取　戻　税　額	(11)		
	法人税額（（6）＋（7）＋（8）－（9）－（10）－（11））	(12)	4,140,000	
	既に欠損金の繰戻しにより還付を受けた法人税額	(13)		
	差引法人税額（（12）－（13））	(14)	4,140,000	
還付金額（（14）×（2）／（5））		(15)	1,380,000	

請求期限	令和 5年 5月31日	確定申告書提出年月日	平成・令和 5年 5月31日

還付を受けようとする金融機関等	1 銀行等の預金口座に振込みを希望する場合 　××　銀行　　　　　××　本店・支店 　　　金庫・組合　　　　　　　出張所 　　　漁協・農協　　　　　　本所・支所 　××　預金 口座番号　××××× 	2 ゆうちょ銀行の貯金口座に振込みを希望する場合 　貯金口座の記号番号　　　－ 3 郵便局等の窓口での受け取りを希望する場合 　郵便局名等

この請求書が次の場合に該当するときは、次のものを添付してください。
1　期限後提出の場合、確定申告書をその提出期限までに提出することができなかった事情の詳細を記載した書類
2　法人税法第80条第4項の規定に基づくものである場合には、解散、事業の全部の譲渡等の事実発生年月日及びその事実の詳細を記載した書類
3　租税特別措置法第66条の13第2項の設備廃棄等欠損金額に係る請求である場合には、農業競争力強化支援法施行規則第20条第1項の証明に係る同条第2項の申請書の写し及び当該証明書の写し

税　理　士　署　名　押　印	㊞

（規格A4）

※税務署処理欄	部門	決算期	業種番号	番号	整理簿	備考	通信日付印	年 月 日	確認印

01.06 改正

6 欠損金の繰戻しによる還付の特例

1 欠損金の繰戻還付の特例の創設

QUESTION

新型コロナウイルスの感染拡大防止のため飲食店などの休業要請及び外出自粛などの措置に起因して多くの事業者の収入が急減しているという現下の状況を踏まえ、欠損金の繰戻しによる還付の特例制度が創設されたそうですが、その内容について教えてください。

Point 資本金1億円超10億円以下の法人の令和2年2月1日から令和4年1月31日までの間に終了する事業年度に生じた欠損金について、欠損金の繰戻しによる還付制度の適用が可能とされます。

Answer 資本金の額又は出資金の額が1億円を超える法人等（大規模法人を除きます。）の令和2年2月1日から令和4年1月31日までの間に終了する各事業年度において生じた欠損金額については、欠損金の繰戻しによる還付制度の適用ができることとされます（臨時特例法7）。

2 大規模法人の定義

QUESTION

上記、欠損金の繰戻還付の特例における「大規模法人」の定義について教えてください。

Point　資本金の額が 10 億円を超える法人及び相互会社等とされます。

Answer　「大規模法人」とは、次に掲げる法人とされます（臨時特例法 7、臨時特例令 5）。

① 各事業年度終了の時において資本金の額又は出資金の額が 10 億円を超える法人

② 保険業法に規定する相互会社（外国相互会社を含みます。）

3 ｜ 適用除外会社

QUESTION
欠損金の繰戻還付の特例の適用除外となる会社の範囲について教えてください。

Point　大規模法人、大規模法人の 100％子法人等、投資法人及び特定目的会社とされます。

Answer　欠損金の繰戻還付の特例（臨時特例法 7）は、法人が各事業年度終了の時において、次に掲げる法人に該当する場合は、適用除外とされます（臨時特例法 7）。

① 大規模法人

② 大規模法人との間にその大規模法人による完全支配関係がある普通法人

③ 複数の完全支配関係がある大規模法人に発行済株式等の全部を直接又は間接に保有されている普通法人

④ 投資法人（投資信託及び投資法人に関する法律 2⑫）

⑤ 特定目的会社（資産の流動化に関する法律 2③）

4 | 大規模法人等以外の連結親法人の連結欠損金 の繰戻しによる還付のための制度の創設

Ｑ UESTION

新型コロナウイルスの感染拡大防止のため飲食店などの休業要
請及び外出自粛などの措置に起因して多くの事業者の収入が急減
しているという現下の状況を踏まえ、大規模法人等以外の連結親
法人の連結欠損金の繰戻しによる還付のための制度が創設された
そうですが、その内容について教えてください。

Ｐ oint 　資本金１億円超 10 億円以下の法人の令和２年２月１日から
令和４年１月 31 日までの間に終了する事業年度に生じた欠損金につ
いて、欠損金の繰戻しによる還付制度の適用が可能とされます。

Ａ nswer

　「連結親法人」（法法２十二の六の七）の令和２年２月１日から
令和４年１月 31 日までの間に終了する各連結事業年度において生じ
た「連結欠損金額」（法法２十九の二）については、連結欠損金の繰
戻しによる還付制度の適用ができることとされます（臨時特例法８）。

　また、法人課税信託の受託者は、各法人課税信託の信託資産等及び
固有資産等ごとに、それぞれ別の者とみなして、欠損金の繰戻しによ
る還付制度の適用ができることとされます（臨時特例法９、臨時特例
令６）。

5 | 適用関係

Ｑ UESTION

欠損金の繰戻しによる還付の特例の創設の適用関係について教
えてください。

Point　令和２年２月１日以後に終了する各事業年度については、経過措置の適用があります。

Answer

　　上記「**2**　大規模法人の定義」の各事業年度（清算中に終了する事業年度を除きます。）分の法人税につき確定申告書を令和２年７月１日前に提出した法人（不適用措置の対象とならない法人を除きます。）のその各事業年度において生じた欠損金額については、令和２年７月31日までに納税地の所轄税務署長に対して還付請求書を提出することにより、欠損金の繰戻しによる還付制度が適用できることとされます（臨時特例法附則４）。

　また、上述した大規模法人等以外の連結親法人の連結欠損金の繰戻しによる還付のための制度の創設についても、同様とされます（臨時特例法附則５）。

7 災害損失欠損金の繰戻しによる法人税額の還付

1 適用期限の延長

Question

新型コロナウイルスの感染拡大防止のため飲食店などでは食材の廃棄損や感染発生が確認されたことで施設・備品などを消毒する必要が生じた場合、これらの損失の金額を災害損失金として、その損失が生じた事業年度開始前に支払った法人税の還付を受けることができるそうですが、その内容について教えてください。

Point　　欠損事業年度が青色申告であれば、前2年以内に開始した事業年度の法人税額のうち災害損失金に対応する部分の金額の還付を受けることができます。

Answer

　災害により災害損失欠損金が生じた法人については、災害のあった日から同日以後1年を経過する日までの間に終了する各事業年度又は災害のあった日から同日以後6月を経過する日までの間に終了する中間期間において生じた災害損失欠損金額（事業年度又は中間期間において生じた欠損金額のうち、災害により棚卸資産、固定資産又は繰延資産について生じた損失の額で一定のものに達するまでの金額をいいます。）がある場合には、その各事業年度に係る確定申告書又は当中間期間に係る仮決算の中間申告書の提出と同時に、その災害損失欠損金額に係る事業年度又は中間期間の開始の日前1年（欠損事業年度に係る確定申告書又は仮決算の中間申告書が青色申告書である場

合には、前２年）以内に開始した事業年度の法人税額のうちその災害
損失欠損金額に対応する部分の金額の還付を受けることができます
（法法80⑤、法令154の3②③④）。

　なお、この規定における災害損失の額の計算は、「青色申告書を提
出しなかった事業年度の災害による損失金の繰越し」（法法58①）に
おける災害損失金の計算に関する取扱い（法基通12－2－1～12－
2－15）を準用することとされています（法基通12－2－8）。

〔算式〕

$$\text{還付請求できる金額} = \begin{array}{c}\text{還付所得事業年度}\\\text{の法人税額（注1）}\end{array} \times \frac{\text{災害損失欠損金額（注2）}}{\text{還付所得事業年度の所得金額}}$$

（注1）「還付所得事業年度の法人税額」は、附帯税の額を除き、「所得税額の
　　　控除」（法法68）、「外国税額の控除」（法法69）及び「仮装経理に基づく
　　　過大申告の更正に伴う法人税額の控除」（法法70）の規定により控除さ
　　　れた金額がある場合には、その金額を加算した金額とする。

（注2）分母の金額が限度

図表1－12　災害損失欠損金の繰戻しによる法人税額の還付

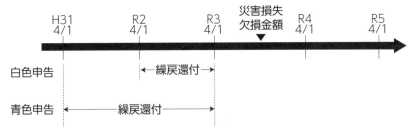

2 ｜ 災害の範囲

QUESTION

　災害損失欠損金の繰戻しによる法人税額の還付における災害の
範囲について教えてください。

Point　　震災、風水害、火災その他の災害とされます。

Answer
　災害損失欠損金の繰戻しによる法人税額の還付における災害の
範囲とは、震災、風水害、火災、冷害、雪害、干害、落雷、噴火その
他の自然現象の異変による災害及び鉱害、火薬類の爆発その他の人為
による異常な災害並びに害虫、害獣その他の生物による異常な災害と
されます（法法80⑤、法令154の3②）。

3 │ 繰延資産の範囲

QUESTION
　災害損失欠損金の繰戻しによる法人税額の還付における繰延資
産の範囲について教えてください。

Point　　他の者の有する固定資産を利用するために支出されたものと
されます。

Answer
　災害損失欠損金の繰戻しによる法人税額の還付における繰延資
産とは、法人が支出する費用のうち、次に掲げるもののうち他の者の
有する設備、構築物、その他の固定資産を利用するために支出された
ものとされます（法法2二十四、80⑤、法令14①六、154の3③）。

①　自己が便益を受ける公共的施設又は共同的施設の設置又は改良の
　ために支出する費用で支出の効果がその支出の日以後1年以上に及
　ぶもの

②　資産を賃借し又は使用するために支出する権利金、立退料その他
　の費用で支出の効果がその支出の日以後1年以上に及ぶもの

③　役務の提供を受けるために支出する権利金その他の費用で支出の
　効果がその支出の日以後1年以上に及ぶもの

④　製品等の広告宣伝の用に供する資産を贈与したことにより生ずる
　費用で支出の効果がその支出の日以後1年以上に及ぶもの

⑤ ①から④までに掲げる費用のほか、自己が便益を受けるために支出する費用で支出の効果がその支出の日以後1年以上に及ぶもの

4 │ 損失の金額の範囲

Question

災害損失欠損金の繰戻しによる法人税額の還付における災害により棚卸資産、固定資産又は繰延資産について生じた損失の額で一定のものに達するまでの金額の内容について教えてください。

Point 滅失、損壊又は価値の減少によってその資産の帳簿価額を減額又は除去の費用その他の付随費用で、保険金等により補填された金額を控除した金額とされます。

Answer

災害損失欠損金の繰戻しによる法人税額の還付における損失の額で一定のものに達するまでの金額とは、棚卸資産、固定資産又は上記「**3** 繰延資産の範囲」に掲げる繰延資産について生じた次に掲げる損失の額（保険金、損害賠償金その他これらに類するものにより補填されるものを除きます。）の合計額とされます（法法80⑤、法令154の3④）。

① 災害によりその資産が滅失し、若しくは損壊したこと又は災害による価値の減少に伴いその資産の帳簿価額を減額したことにより生じた損失の額（その滅失、損壊又は価値の減少によるその資産の取壊し又は除去の費用その他の付随費用に係る損失の額を含みます。）

② 災害によりその資産が損壊し、又はその価値が減少した場合その他災害によりその資産を事業の用に供することが困難となった場合において、その災害のやんだ日の翌日から1年を経過した日の前日までに支出する次に掲げる費用その他これらに類する費用に係る損

失の額

　イ　災害により生じた土砂その他の障害物を除去するための費用

　ロ　その資産の原状回復のための修繕費

　ハ　その資産の損壊又はその価値の減少を防止するための費用

③　災害により当該資産につき現に被害が生じ、又はまさに被害が生ずるおそれがあると見込まれる場合において、当該資産に係る被害の拡大又は発生を防止するため緊急に必要な措置を講ずるための費用に係る損失の額

5 | 新型コロナウイルス感染症関連費用の取扱い

QUESTION

　新型コロナウイルス感染拡大防止のため、緊急事態宣が発令され飲食店における休業要請及び営業時間の短縮要請など通じて、売上高の激減をはじめとした様々な被害（損失）が生じています。

　そこで、これら被害（損失）のうち、災害損失欠損金に該当するものの範囲について教えてください。

Point　棚卸資産、固定資産又は繰延資産について発生した被害（損失）やその被害の拡大・発生を防止するために緊急に必要な措置を講ずるための費用が災害損失欠損金とされ、欠損金の繰戻しによる還付の特例が適用できます。

Answer　新型コロナウイルス感染症に関連するものとして、災害損失欠損金の繰戻しによる法人税額の還付の対象となる災害損失とは、棚卸資産、固定資産及び繰延資産に生じた被害（損失）に加え、その被害の拡大・発生を防止するために緊急に必要な措置を講ずるための費用

とされ、欠損金の繰戻しによる還付の特例が適用できます。

　また、中小法人である青色申告法人の場合、災害損失欠損金以外の青色欠損金については1年間の繰戻還付が可能とされています（法法80①）。

　なお、新型コロナウイルス感染症に関連する費用のうち、災害損失欠損金に該当するか否かの具体的な例示は、図表1-13のとおりとされます。

図表1-13　新型コロナウイルス感染症に関連する災害損失欠損金の範囲

区　　分	災害損失欠損金の範囲
災害損失欠損金に該当する例示	①　飲食業者等の食材（棚卸資産）の廃棄損 ②　感染者が確認されたことにより廃棄処分した器具備品等の除却損 ③　施設や備品などを消毒するために支出した費用 ④　感染発生の防止のため、配備するマスク、消毒液、空気清浄機等の購入費用 ⑤　イベント等の中止により、廃棄せざるを得なくなった商品等の廃棄損
災害損失欠損金に該当しない例示	①　客足が減少したことによる売上げ減少額 ②　休業期間中に支払う人件費 ③　イベント等の中止により支払うキャンセル料、会場借上料、備品レンタル料

《参考》「国税における新型コロナウイルス感染症拡大防止への対応と申告や納税などの当面の税務上の取扱いFAQ」（国税庁ホームページ）

6 ｜ 手続規定

QUESTION

　災害損失欠損金の繰戻しによる法人税額の還付における災害損失欠損金の繰戻しによる法人税額の還付の手続規定について教えてください。

Point　災害欠損事業年度の確定申告書の提出と同時に還付請求書を提出することとされます。還付所得事業年度が2以上ある場合には、その還付所得事業年度ごとに別葉にしてください。

Answer
　災害損失欠損金の繰戻しによる法人税額の還付を受ける場合は、下記①～④に掲げるすべての要件を満たす必要があります。

　なお、仮決算の中間申告書にあっては、前期基準額が10万円以下である場合又はその金額がないために法人税の中間申告を要しない場合でも、災害損失欠損金の繰戻しによる法人税額の還付のための仮決算の中間申告をすることができます（法法72①）。

　また、偽りその他不正の行為により、災害損失欠損金の繰戻しによる法人税額の還付を受けた場合には、10年以下の懲役若しくは1,000万円以下の罰金に処し、又はこれを併科することとされます（法法159①）。

①　還付所得事業年度からその災害損失欠損金額に係る事業年度又は中間期間（以下「災害欠損事業年度」といいます。）の前事業年度までの各事業年度について連続して確定申告書を提出していること（法法80⑤）。

②　災害欠損事業年度の確定申告書の提出と同時に（仮決算の中間申告において災害損失欠損金の繰戻しによる法人税額の還付を受けようとする場合には、仮決算の中間申告書の提出期限までに、その仮決算の中間申告書の提出と同時に）納税地の所轄税務署長に「災害損失欠損金の繰戻しによる還付請求書」を提出していること（法法80⑤）。

③　2以上の還付所得事業年度の所得に対する法人税額について還付を受けようとする場合には、その還付所得事業年度ごとに還付請求書を別葉にすること。

④ 災害のあった日及びその災害の詳細（法規36の4①六）

7 | 還付所得事業年度が2以上ある場合の繰戻還付

Question
　還付所得事業年度が2以上ある場合における欠損金額又は災害損失欠損金額の繰戻還付の取扱いについて教えてください。

Point　　法人の選択によることとされます。

Answer
　　　還付所得事業年度が2以上ある場合、災害損失欠損金をいずれの還付所得事業年度に配分するかについては法人の任意なのか、それとも一定の定めがあるのかという疑義が生じます。

　この点について、法令上、災害損失欠損金をいずれの還付所得事業年度に繰り戻すかについて特段の定めは置かれていないことから、その配分は法人が任意に決めることができることとされています（法基通17－2－4）。

　なお、一般的には、還付所得事業年度における税負担割合（法人税額÷所得金額）が高い事業年度に繰り戻すと還付税額が多くなりますので留意してください。

8 | 災害損失欠損金額と青色欠損金額がある場合の繰戻還付

Question
　災害損失欠損金額の繰戻しによる法人税額の還付（法法80⑤）と青色欠損金額がある場合の繰戻還付（法法80①）がある場合における欠損金の繰戻しによる還付の計算はどのように計算するのか教えてください。

Point　　両制度を併せて適用することができます。

Answer
　　青色申告法人である中小法人等については、「欠損金の繰戻しによる還付」（法法80①）に規定する青色欠損金の繰戻還付制度の適用を受けることができることとされています。

　そこで、その中小法人等につき、災害欠損事業年度において、「災害損失欠損金額の繰戻しによる法人税額の還付」（法法80⑤）の適用を受ける災害損失欠損金額とそれ以外の青色欠損金額がある場合、その青色欠損金額について青色欠損金の繰戻還付制度の適用を受けることができるかどうかという疑義が生じます。

　この点について、法令上、災害損失欠損金額の繰戻しによる法人税額の還付制度と青色欠損金の繰戻還付制度は、それぞれ独立した制度であることから両方の適用を受けることができることとされており、災害損失欠損金額の繰戻しによる法人税額の還付の適用を受ける災害損失欠損金額以外の青色欠損金額については青色欠損金の繰戻還付制度の適用を受けることができますので留意してください（法基通17－2－7）。

　なお、「欠損金の繰戻しによる還付」（法法80）の規定の適用に当たり、還付所得事業年度が2以上ある場合には、欠損金額又は災害損失欠損金額をいずれの還付所得事業年度に配分するかは法人の計算によることとされます（法基通17－2－4）。

⑨ 事前対応のあり方

QUESTION
　東日本大震災を始めとした自然災害等が頻発している中で、税理士事務所として事前に準備しておくべき心構えについて教えてください。

Point　クライアントの決算関係資料及び税務申告書をその保存期間である 10 年間を、いかに確保するかが今後の大きな課題となると思われます。

Answer
　「災害損失欠損金額の繰戻しによる法人税額の還付」（法法 80 ⑤）、「欠損金の繰戻しによる還付」（法法 80 ①）、「青色申告書を提出した事業年度の欠損金の繰越し」（法法 57 ①）又は「青色申告書を提出しなかった事業年度の災害による損失金の繰越し」（法法 58 ①）などの税務上の優遇規定の適用を受ける場合には、これら税務申告の計算を行うための基礎資料である損益計算書、貸借対照表、株主資本等変動計算書等の決算関係資料及び税務申告書が必要とされます。

　そこで、中小企業を守る立場にある税理士事務所としては、災害等があってもクライアントの決算関係資料及び税務申告書をその保存期間である 10 年間にわたって、いかに管理・保存するかが今後の大きな課題となると思われます。

　最低でも、会計事務所のハードディスクのバックアップは毎日欠かさず行うべきであり、そのバックアップデータの保存方法も日頃から検討しておくべきだと考えます。

10 ｜ 設例による検討

設例 1　災害損失欠損金の繰戻しによる法人税額の還付

　次の資料に基づき、M社の当期（令和 2 年 4 月 1 日～令和 3 年 3 月 31 日）における災害損失欠損金の繰戻しによる法人税額の還付額の計算は、どうなりますか。
　また、「各事業年度の所得に係る申告書（法人税別表一、別表一次葉）」、「欠損金又は災害損失金の損金算入等に関する明細書（法人税別表七（一））」、「災害損失による還付請求書」及び「災害損失欠損金

額に関する明細書」の記載方法について教えてください。

(1) M社（期末資本金3億円）は設立以来継続して青色申告書を提出
　　しており、当期においても青色申告書を提出しています。

(2) M社は、新型コロナウイルス感染症に関連する災害損失欠損金
　　10,000,000円が発生したことにより、当期における税務上の欠損金
　　額は、15,000,000円となりました。

(3) M社の前期における税務上の欠損金額は、3,000,000円でした。

(4) M社の前々期における別表一（一）の差引所得に対する法人税額
　　は、7,560,000円であり、これに関して留意すべき事項は、下記のと
　　おりとなります。

　　① 試験研究費の特別控除額　　240,000円

　　② 所得税額の控除　　　　　　500,000円

　　③ 外国税額の控除　　　　　　700,000円

(5) 前々期の別表四「48の①」の所得金額は、30,000,000円でした。

解　答

$$\underbrace{(7,560,000\text{円}+500,000\text{円}+700,000\text{円})}_{\substack{\text{差引法人税額}\quad\text{控除所得税額}\quad\text{控除外国税額}}} \times \frac{\overset{\text{災害損失欠損金額}}{10,000,000\text{円}}}{\underset{\text{還付所得事業年度の所得金額}}{30,000,000\text{円}}}$$

$$\underset{\text{欠損金の繰戻還付金額}}{= 2,920,000\text{円}}$$

解　説

　M社の前期は欠損事業年度であるため、還付所得事業年度は前々期が対象となります。

　還付所得事業年度の法人税額の計算は、「所得税額の控除」（法法68）、「外国税額の控除」（法法69）及び「仮装経理に基づく過大申告の場合更正に伴う法人税額の控除」（法法70）の規定により控除された金額がある場合には、その金額を加算した金額となります。

　この場合において、「試験研究費の特別控除額」（措法42の4）などの租税特別措置法における特別税額控除は加算の対象とならないので留意が必要です。

実務上の留意点

1　適用対象法人の範囲

　「災害損失欠損金の繰戻しによる法人税額の還付」（法法80⑤）の適用対象法人は、「内国法人」と規定されているため、普通法人、公益法人等、協同組合等及び人格のない社団等の全ての法人格が適用対象法人に範囲に該当することとなるので留意してください。

　また、中小企業者以外の法人も対象とされます（措法66の12）。

2　中間申告書の提出を要しない法人の還付請求

　中間事業年度（災害のあった日から同日以後6月を経過する日までの間に終了するものに限ります。）について、「中間申告」（法法71①ただし書）又は「中間申告書の提出を要しない場合」（法法71の2）の規定により中間申告書の提出を要しないこととされている法人であっても、その中間事業年度において生じた災害損失欠損金額の繰戻しによる法人税の還付を請求することができます。

　この場合における中間申告書には期限後申告書は含まれませんので、中間申告書の提出と同時に提出する災害損失欠損金の繰戻しによる還付請求書についても、仮決算の中間申告書の提出期限までに提出しなければなりませんので留意してください（法基通17-2-6）。

還付請求書の記載

1　「前提条件」の記入

　① 『※』の各欄は、記入しません。

　② 「災害欠損事業年度」には、この還付請求が仮決算の中間申告によるものである場合には、その仮決算の中間申告に係る中間期間を記載します。

　　　また、「（確定・中間・申告書）」には、この還付請求が確定申告又は仮決算の中間申告のいずれによるものであるかの区分に応じて、該当するものを〇で囲みます。

2　「災害欠損事業年度の繰戻対象災害損失欠損金額」の記入

　① 「繰戻対象災害損失欠損金額『1』」の欄には、「繰戻対象災害損失欠損金額に関する明細書『1』」の欄に記載した金額を記載します。

設例の場合には、当期の災害損失欠損金額 10,000,000 円を記載します。

② 「同上のうち還付所得事業年度に繰り戻す災害損失欠損金額『2』」欄には、災害欠損事業年の災害損失欠損金額のうち還付所得事業年度に繰戻しをしようとする金額を『5』欄の金額を限度として記載します。

設例の場合には、当期の災害損失欠損金額 10,000,000 円を記載します。

③ この還付請求書に記載した還付所得事業年度以外の還付所得事業年度の所得に対する法人税額につき還付を受けようとする場合には、その還付を受けようとする金額の基礎とする繰戻対象災害損失欠損金額に相当する金額を控除した残額が還付の対象とする限度額となります。

3 「還付所得事業年度の所得金額」の記入

① 「所得金額『3』」欄には、申告書別表一（一）等『1』の「所得金額又は欠損金額」欄に記載された所得金額を記載しますが、その事業年度について更正が行われている場合には、更正決定通知書の「所得金額又は欠損金額」欄に記載された更正後の所得金額を記載します。

設例の場合には、前々期の所得金額 30,000,000 円を記載します。

② 「既に災害損失欠損金又は欠損金の繰戻しを行った金額『4』」欄には、還付所得事業年度について、既に災害損失欠損金又は欠損金の繰戻しにより、その一部の法人税額の還付を受けている場合に、その繰戻しを行った繰戻対象災害損失欠損金額又は欠損金額を記入します。

4 「還付所得事業年度の法人税額」の記入

① 「納付の確定した法人税額『6』」欄には、申告書別表一（一）『14』の「差引所得に対する法人税額」欄の金額を記載しますが、その事業年度について更正が行われている場合には、更正決定通知書の「差引所得に対する法人税額」欄に記載された更正後の法人税額を記載します。

設例の場合には、7,560,000 円を記載します。

② 「仮装経理に基づく過大申告の更正に伴う控除法人税額『7』」欄に

は、還付所得事業年度において法人税額から控除した仮装経理に基づく過大申告の更正に伴う控除法人税額があった場合に、その金額を記載します。

③　「控除税額『8』」欄には、還付所得事業年度の申告書別表一（一）の「所得税の額等」及び「外国税額」欄の合計額を記します。

　　なお、還付所得事業年度において法人税額から控除できないため還付を請求した所得税額等については、これに含まれないので留意する必要があります。

　　設例の場合には、500,000円＋700,000円＝1,200,000円を記載します。

④　「使途秘匿金額に対する税額『9』」欄には、「使途秘匿金額の支出がある場合の課税の特例」（措法62①）の規定により加算された税額がある場合に、その金額を記載します。

⑤　「既に災害損失欠損金又は欠損金の繰戻しにより還付を受けた法人税額『13』」欄には、還付所得事業年度について既に災害損失欠損金又は欠損金の繰戻しにより、その一部の法人税額の還付を受けている場合に、その還付を受けた法人税額（還付加算金は含まない）を記載します。

⑥　「還付金額『15』」欄には、「『14』欄×『2』欄÷『5』欄」の算式により円単位まで算出した金額（1円未満の端数が生じた場合は切捨て）を記載します。設例の場合には、〔解答〕の算式による2,920,000円を記載します。

欠損金又は災害損失金の損金算入等に関する明細書 ／ 事業年度 2・4・1 3・3・31 ／ 法人名 M社 ／ 別表七(一) 令三・四・一以後終了事業年度分

控除前所得金額 (別表四「39の①」)−(別表七(二)「9」又は「21」) 1		円	所得金額控除限度額 (1)× $\frac{50又は100}{100}$ 2			円

事業年度	区分	控除未済欠損金額 3	当期控除額 (当該事業年度の(3)と((2)−当該事業年度前の(4)の合計額))のうち少ない金額) 4	翌期繰越額 ((3)−(4))又は(別表七(三)「15」) 5
・・	青色欠損・連結みなし欠損・災害損失	円	円	
・・	青色欠損・連結みなし欠損・災害損失			円
・・	青色欠損・連結みなし欠損・災害損失			
・・	青色欠損・連結みなし欠損・災害損失			
・・	青色欠損・連結みなし欠損・災害損失			
・・	青色欠損・連結みなし欠損・災害損失			
・・	青色欠損・連結みなし欠損・災害損失			
・・	青色欠損・連結みなし欠損・災害損失			
31・4・1 2・3・31	(青色欠損)・連結みなし欠損・災害損失	3,000,000		3,000,000
	計			
当期分	欠損金額 (別表四「48の①」)	15,000,000	欠損金の繰戻し額	
	同上のうち 災害損失金	10,000,000	10,000,000	
	青色欠損金	5,000,000		5,000,000
	合計			8,000,000

災害により生じた損失の額の計算

災害の種類	新型コロナウイルス	災害のやんだ日又はやむを得ない事情のやんだ日	・・

災害を受けた資産の別	棚卸資産 ①	固定資産 (固定資産に準ずる繰延資産を含む。) ②	計 ①+② ③

当期の欠損金額 (別表四「48の①」) 6		円

災害損失欠損金額に関する明細書 ／ 事業年度 2・4・1 3・3・31 ／ 法人名 M社 ／ 付表

災害損失欠損金額及び還付所得事業年度に繰り戻す金額の明細書					
災害損失欠損金額 (別表七(一)「15の③」欄) (1)	円 10,000,000	(2)の内訳	繰り戻す還付所得事業年度		繰り戻す災害損失欠損金額 (3)
			⑰令 30・4・1 ⑰令 31・3・31 ①		円 10,000,000
(1)のうち前2年以内に開始する還付所得事業年度に繰り戻す金額 (2)	10,000,000		平/令 ・・ 平/令 ・・ ②		

別表一　各事業年度の所得に係る申告書　内国法人の分……令三・四・一以後終了事業年度等分

		令和　年　月　日 税務署長殿		青色申告	一連番号
納税地	電話（　）　－	法人区分		整理番号	
（フリガナ）		事業種目		事業年度（至）	
法人名	M社			売上金額	
法人番号		同非区分		申告年月日	
（フリガナ）		旧納税地及び			
代表者		旧法人名等			
代表者住所		添付書類			

| 令和 | 2 | 年 | 4 | 月 | 1 | 日 | 事業年度分の法人税 | 確定申告書 |
| 令和 | 3 | 年 | 3 | 月 | 31 | 日 | 課税事業年度分の地方法人税 | 確定申告書 |

				十億 百万 千 円					十億 百万 千 円
所得金額又は欠損金額（別表四「48の①」）	1			控除税額の計算	所得税額（別表六（一）「6の③」）	17		
法人税額（53）＋（54）＋（55）	2				外国税額（別表六（二）「20」）	18		
法人税額の特別控除額（別表六（六）「4」）	3				計（17）＋（18）	19		
差引法人税額（2）－（3）	4				控除した金額（13）	20		
	5				控除しきれなかった金額（19）－（20）	21		
課税土地譲渡利益金額	6		0 0 0	土地譲渡税額の内訳	土地譲渡税額（別表三（二）「27」）	22		
同上に対する税額（22）＋（23）＋（24）	7				同上（別表三（二の二）「28」）	23		
課税留保金額（別表三（一）「4」）	8				同上（別表三（三）「23」）	24	0 0
同上に対する税額（別表三（一）「8」）	9		0 0	この申告による還付金額の計算	所得税額等の還付金額（21）	25		
法人税額計（4）＋（5）＋（7）＋（9）	10		0 0		中間納付額（15）－（14）	26		
	11				欠損金の繰戻しによる還付請求税額	27	2 9 2 0 0 0 0
仮装経理に基づく過大申告の更正に伴う控除法人税額	12				計（25）＋（26）＋（27）	28		
控除税額	13					29		
差引所得に対する法人税額（10）－（11）－（12）－（13）	14	7 5 6 0 0 0				30	0 0
中間申告分の法人税額	15			欠損金又は災害損失金等の当期控除額（別表七（一）「4の計」＋（別表七（二）「9」若しくは「21」又は別表七（三）「10」）	31		
差引確定法人税額（14）－（15）	16		0 0	翌期へ繰り越す欠損金又は災害損失金（別表七（一）「5の合計」）	32	8 0 0 0 0 0 0
課税標準法人税額の計算	所得の金額に対する法人税額（4）＋（5）＋（7）＋（30の外書）	33		この申告による還付金額（43）＋（42）	45	1 2 8 4 8 0
	課税留保金額に対する法人税額（9）	34		この申告が修正申告である場合	所得の金額に対する法人税額（68）	46	
	課税標準法人税額（33）＋（34）	35	0 0 0		課税留保金額に対する法人税額（69）	47	
地方法人税額の計算	地方法人税額（58）	36			課税標準法人税額（70）	48	
	課税留保金額に係る地方法人税額（59）	37			この申告により納付すべき地方法人税額（74）	49	
	所得地方法人税額（36）＋（37）	38		剰余金・利益の配当（剰余金の分配）の金額			
		39		残余財産の最後の分配又は引渡しの日	決算確定の日		
	外国税額の控除額（別表六（二）「50」）	40					
	仮装経理に基づく過大申告の更正に伴う控除地方法人税額	41			銀行　本店・支店	郵便局名等	
	差引地方法人税額（38）－（39）－（40）－（41）	42	0 0	還付を受けようとする金融機関等	金庫・組合　出張所 農協・漁協　本所・支所	預金	
	中間申告分の地方法人税額	43			口座番号	ゆうちょ銀行の貯金記号番号	
	差引確定地方法人税額（42）－（43）（45）＋人）	44	0 0		※税務署処理欄		

税理士署名	

79

災害損失の繰戻しによる還付請求書

※整理番号	
※連結グループ整理番号	

	納　税　地	〒 電話(　　　)　　　－
	（　フ　リ　ガ　ナ　）	
令和　年　月　日	法　人　名　等	M社
	法　人　番　号	|　|　|　|　|　|　|　|　|　|　|　|　|
	（　フ　リ　ガ　ナ　）	
	代　表　者　氏　名	
△△　税　務　署　長　殿	代　表　者　住　所	〒
	事　業　種　目	業

法人税法第80条の規定に基づき下記のとおり災害損失の繰戻しによる法人税額の還付を請求します。

記

災害欠損 事業年度	自 平成・令和 2 年 4 月 1 日 至 平成・令和 3 年 3 月 31 日	確定 中間 申告書	還付所得 事業年度	自 平成・令和 30 年 4 月 1 日 至 平成・令和 31 年 3 月 31 日

区　　　　　分			請　求　金　額	※　金　額
災害欠損事業年度の災害損失欠損額	災　害　損　失　欠　損　金　額	(1)	10,000,000	
	同上のうち還付所得事業年度に繰り戻す災害損失欠損金額	(2)	10,000,000	
還付所得事業年度の所得金額	所　　得　　金　　額	(3)	30,000,000	
	既に災害損失又は欠損金の繰戻しを行った金額	(4)		
	差引所得金額（(3)－(4)）	(5)	30,000,000	
還付所得事業年度の法人税額	納付の確定した法人税額	(6)	7,560,000	
	仮装経理に基づく過大申告の更正に伴う控除法人税額	(7)		
	控　　除　　税　　額	(8)	1,200,000	
	使途秘匿金額に対する税額	(9)	0 0	
	課税土地譲渡利益金額に対する税額	(10)		
	リ　ー　ス　特　別　控　除　取　戻　税　額	(11)		
	法人税額（(6)＋(7)＋(8)－(9)－(10)－(11)）	(12)	8,760,000	
	既に災害損失又は欠損金の繰戻しにより還付を受けた法人税額	(13)		
	差引法人税額（(12)－(13)）	(14)	8,760,000	
還付金額（(14)×(2)／(5)）		(15)	2,920,000	

請　求　期　限	令和　年　月　日	確定申告書等提出年月日	平成・令和　年　月　日

還付を受けようとする金融機関等	1 銀行等の預金口座に振込みを希望する場合 ××銀行　　××本店・支店 金庫・組合　　出　張　所 漁協・農協　　本所・支所 ××預金 口座番号 ×××××	2 ゆうちょ銀行の貯金口座に振込みを希望する場合 貯金口座の記号番号　　　－ 3 郵便局等の窓口での受取りを希望する場合 郵便局名等

税　理　士　署　名	

（規格A4）

※税務署処理欄	部門	決算期	業種番号	番号	整理簿	備考	通信日付印	年 月 日	確認

03.06 改正

第 **2** 章

企業再生税制における欠損金の活用と留意点

1 会社更生による債務免除等があった場合の欠損金の損金算入

1 制度の概要

QUESTION

会社更生による債務免除等があった場合の欠損金の損金算入制度の概要について教えてください。

Point　会社更生法による法的整理が行われる場合、同法によって資産の評価換えが強制され、含み損及び含み益のある資産について、適正な評価による評価損益を計上して債権放棄の額などが決定されるため、現実に資産を売却して損失を確定させなくても債務免除益との相殺が可能であり、設立当初からの欠損金（青色欠損金及び災害損失欠損金を除きます。）のうち、債務免除益等の額に達するまでの金額の損金算入ができます。

Answer　法人について更生手続開始の決定があった場合において、次の場合は、その債務免除等を受けた日等の属する事業年度（以下「適用年度」といいます。）前の各事業年度において生じた欠損金額（適用事業年度終了の時における前事業年度以前の事業年度から繰り越された欠損金額、以下「設立当初からの欠損金額」といいます。）のうち、その債務免除益、私財提供益及び資産評価益の合計額に達するまでの金額は、その適用年度の損金の額に算入されます（法法59①、法令116の3）。

① 債権者から受けた債務の免除を受けたとき

② 役員又は株主である者若しくはこれらであった者から私財の提供を受けたとき

③ 会社更生法又は金融機関等の更生手続の特例等に関する法律の規定に従って資産の評価換えが行われるとき

図表2-1　会社更生による債務免除等があった場合

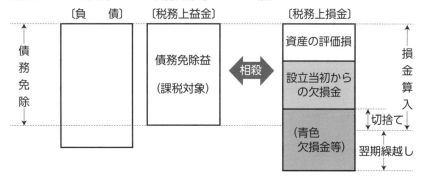

2 ｜ 適用対象となる債務免除益等

QUESTION

Q 会社更生による債務免除等があった場合の欠損金の損金算入における適用を受けることができる事実及び適用対象となる債務免除益等の内容について教えてください。

Point 更生手続開始の決定があった場合に債権者等から受けた債務免除益、私財提供益及び資産評価益が対象とされます。

Answer 内国法人について更生手続開始の決定があった場合において、その内国法人が有する図表2-2に掲げる債務免除益、私財提供益及び資産評価益が適用対象とされます（法法59①、法令116の4）。

図表2-2　適用対象となる債務免除益等

区　分	事実の内容	金　額
債務免除益	更生手続開始の決定時においてその内国法人に対し更生債権等（注1）を有する者からその債権につき債務の免除を受けた場合（その債権が債務の免除以外の事由により消滅した場合でその消滅した債務に係る利益の額が生ずるとき（注2）を含みます。）	その債務の免除を受けた金額（その利益の額を含みます。）
私財提供益	更生手続開始の決定に伴いその内国法人の役員等（注3）から金銭その他の資産の贈与を受けた場合	その贈与を受けた金銭の額及び金銭以外の資産の価額
資産評価益	会社更生法又は金融機関等の更生手続の特例等に関する法律（以下「更生特例法」といいます。）の規定に従って行う評価換えをした場合	その評価換えにより適用年度の所得の金額の計算上益金の額に算入される金額（注4）

（注1）「更生債権等」とは、会社法に規定する更生債権（会社法2⑩）及び更生担保権（会社法2⑩）並びに更生特例法に規定する更生債権（更生特例法4⑧、169⑧）及び更生担保権（更正特例法4⑩、169⑩）とされます（法令116の4）。

（注2）いわゆるデット・エクイティ・スワップ（以下「DES」といいます。）により債務消滅益が計上される場合とされます。

（注3）役員等とは、その内国法人の役員である者及び株主である者又はこれらであった者をいい、その内国法人との間に連結完全支配関係がある連結法人は除かれます。

（注4）その評価換えによりその適用年度の所得の金額の計算上損金の額に算入される金額がある場合には、その益金の額に算入される金額からその損金の額に算入される金額を控除した金額（評価益の額が評価損の額に満たない場合はゼロ）とされます（法法59①三）。

3 ｜ 債務の免除を受けた更生債権等の範囲

QUESTION

会社更生による債務免除等があった場合の欠損金の損金算入に

おける債務の免除を受けた更生債権等の範囲について教えてください。

Point 　更生債権等の届出がされなかったために免責された更生債権等に係る債務免除益についても含まれます。

Answer
　更生債権等を有する更生債権者等は、裁判所の定める届出期間内に更生債権等の届出をすることによりはじめて利害関係人として更正手続に参加することとなります。そこで、その届出をしない場合には更生計画に記載されないため、更生計画認可の決定により失権し、債権が消滅することとなります（会社更生法204①）。

　この場合において、「更生債権等の届出」（会社法138）があり、更生計画により債務の免除があった場合の債務免除益は「会社更生等による債務免除等があった場合の欠損金の損金算入」（法法59①）の適用対象となります。しかし、ここでいう「債務の免除を受けた場合」には、「更生債権等の届出」（会社法138）の届出がされなかったために免責された更生債権等に係る債務免除益についても含まれますので留意してください。

　また、会社更生計画の一環として、①更生債権者又は更生担保権者に対して新たに払込み又は現物出資をさせないで新株を発行する場合（代物弁済方式）、②新たに払込み又は現物出資をさせて新株を発行する場合（DES方式）があります。この場合、更生計画の定めるところにより更生債権者等に交付した募集株式若しくは設立時募集株式又は募集新株予約権（以下「募集株式等」といいます。）の割当てを受ける権利についてその募集株式等の引受けの申込みをしなかったために失権した場合の引受権の失効による消滅は更生債権等の免責による消滅ではないため、「会社更生による債務免除等があった場合の欠損

金の損金算入」（法法 59 ①）の適用は受けられません。

　なお、これらの取扱いは、更生特例法の適用を受ける更生債権等に係る債務の免除についても、同様とされます（法基通 12 － 3 － 3 ）。

❹｜債務の免除以外の事由による消滅の意義

QUESTION

　84 ページの図表 2 － 2 における債務免除益のうち、債務の免除以外の事由による消滅の意義について教えてください。

Point　DES により債務消滅益が生じたときのようなものが債務免除益と同様に取り扱われる旨が明らかにされています。

Answer

　平成 18 年度税制改正では、会社更生法等の法的整理及び一定の私的整理の場合において、DES による債務消滅益が生ずるときは、その債務消滅益を債務免除益と同様に、「会社更生による債務免除等があった場合の欠損金の損金算入」（法法 59 ①））の対象とすることとされました。

　この改正を受けて、「会社更生による債務免除等があった場合の欠損金の損金算入」（法法 59 ①）に規定する「債権が債務の免除以外の事由により消滅した場合」とは、債権を現物出資する典型的な DES のほか、次に掲げるようなケースも該当することとされます（法基通 12 － 3 － 6 ）。

　なお、「会社更生等による債務免除等があった場合の欠損金の損金算入」（法法 59 ②）の規定も同様とされます。

① 　会社更生法又は更生特例法の規定により、債権を有する者が、更生計画の定めに従い、内国法人に対して募集株式若しくは募集新株予約権の払込金額又は出資額若しくは基金の拠出の額の払込みをし

たものとみなされた場合

② 会社更生法又は更生特例法の規定により、内国法人が、更生計画の定めに従い、債権を有する者に対してその債権の消滅と引換えに、株式若しくは新株予約権の発行又は出資の受入れ若しくは基金の拠出の割当てをした場合

③ 内国法人が、債権を有する者からその債権の現物出資を受けることにより、その債権を有する者に対して募集株式又は募集新株予約権を発行した場合

5 │ 会社更生法等による債務免除等があった場合の欠損金額の切捨て

QUESTION

内国法人について、更生手続開始の決定があった場合には、期限切れ欠損金を青色欠損金等に優先して損金の額に算入することとされています。

平成23年度税制改正では、青色欠損金等の所得控除限度額が所得金額の80％相当額とされたため、従来どおり期限切れ欠損金の損金算入制度を適用した場合には、青色欠損金等が全額控除されずに所得が発生する等の問題が生ずることとなりました。

そこで、平成23年度税制改正では、この問題を解消するための見直しが行われたそうですが、その内容について教えてください。

Point 欠損金の損金算入制度の対象となる欠損金の範囲が、設立当初からの欠損金とされました。

また、翌期以降に繰り越される青色欠損金額（法法57①）及び災害損失金（法法58①）が適正な金額となるように、欠損金の損金算

入額のうちこれら**青色欠損金額等から成る部分**が、**青色欠損金等から切り捨てられることとされました。**

Answer
　「青色申告書を提出した事業年度の欠損金の繰越し」（法法 57 ①）及び「青色申告書を提出しなかった事業年度の災害損失金の繰越し」（法法 58 ①）の適用を受ける内国法人が、「会社更生法等による債務免除等があった場合の欠損金額の損金算入」（法法 59 ①～③）の規定の適用を受ける場合にあっては、その内国法人の「会社更生法等による債務免除等があった場合の欠損金額の損金算入」（法法 59 ①～③）に規定する適用年度以後の各事業年度（「解散の場合の期限切れ欠損金の損金算入」（法法 59 ③）の規定の適用を受ける場合には、適用年度後の各事業年度）においては、適用事業年度開始の日前 10 年以内に開始した各事業年度において生じた欠損金額のうち、損金の額に算入される金額から成る部分の金額は、青色欠損金額（法法 57 ①）及び災害損失金（法法 58 ①）と認識しないこととされます。そこで、翌期以降に繰越控除の対象となる青色欠損金額（法法 57 ①）及び災害損失金（法法 58 ①）から切り捨てられることとされています（法法 57 ⑤、58 ③、法令 116 の 3、117 の 2、118）。

　ただし、民事再生等があった場合の資産の評価益及び評価損の益金及び損金の特例（法法 25 ③、33 ④））の規定の適用を受ける場合には、その適用年度後の調整は不要とされています（法法 57 ⑤かっこ書き、58 ③かっこ書き）。

図表2－3　会社更生法等による債務免除等があった場合の欠損金額の切捨て

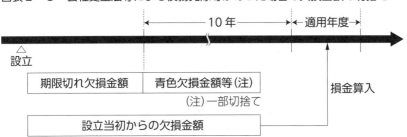

6 │ 損金の額に算入される金額から成る部分の金額

Question

会社更生法等による債務免除等があった場合の欠損金額の切捨てにおける損金の額に算入される金額から成る部分の金額の内容について教えてください。

Point　適用年度の損金算入額が未使用欠損金額のうち最も古い事業年度において生じたものから順次成るものとした場合に、その損金算入額に相当する金額を構成するものとされた未使用欠損金額があることとなる事業年度ごとに、その事業年度の未使用欠損金額のうちその損金算入額に相当する金額を構成するものとされた部分に相当する金額とされます。

Answer

「損金の額に算入される金額から成る部分の金額」とは、適用年度において「会社更生等による債務免除等があった場合の欠損金の損金算入」（法法59①～③）の規定の適用を受ける内国法人の図表2－4に掲げる「損金算入額」が「未使用欠損金額」のうち最も古い事業年度において生じたものから順次成るものとした場合に、その損金算入額に相当する金額を構成するものとされた未使用欠損金額がある

こととなる事業年度ごとにその事業年度の未使用欠損金額のうちその損金算入額に相当する金額を構成するものとされた部分に相当する金額とされます（法令112⑫）。

　なお、損金算入額に相当する金額を構成するものとされた未使用欠損金額のうち青色欠損金額と災害損失欠損金とがある場合には、まず青色欠損金から成るものとされます。

図表2−4　損金算入額及び未使用欠損金額の範囲

	算定方法
損金算入額	次の①又は②に掲げる場合の区分に応じそれぞれ次に定める金額 ①　適用年度において「会社更生法による債務免除益等があった場合の欠損金の損金算入制度」（法法59①）又は「民事再生法等による債務免除益等があった場合で一定の評定を行うときの欠損金の損金算入制度」（法法59②）の規定の適用を受ける場合には、これらの制度により適用年度の所得の金額の計算上損金の額に算入される金額が「会社更生等の場合の欠損金額の範囲」（法令116の3）に規定する、いわゆる設立当初からの欠損金額の合計額から次のイ及びロの金額を控除した金額を超える場合のその超える部分の金額 イ　法人税法57条1項ただし書の規定を適用しないものとした場合に同項本文の規定によりその適用年度の所得の金額の計算上損金の額に算入されることとなる欠損金額（いわゆる青色欠損金額） ロ　法人税法58条1項ただし書の規定を適用しないものとした場合に同項本文の規定によりその適用年度の所得の金額の計算上損金の額に算入されることとなる欠損金額（いわゆる災害損失欠損金額） ②　適用年度において「解散の場合の欠損金の損金算入制度」（法法59③）の規定の適用を受ける場合には、この制度によりその適用年度の所得の金額の計算上損金の額に算入される金額
未使用欠損金額	次の①又は②に掲げる場合の区分に応じそれぞれ次に定める金額 ①　適用年度において「会社更生法による債務免除益等があった場合の欠損金の損金算入制度」（法法59①）又は「民事再生法等による債務免除益等があった場合で一定の評定を行うときの欠損金の損金算入制度」（法法59②）の規定の適用を受ける場合には、上記①イ及びロの金額 ②　適用年度において「解散の場合の欠損金の損金算入制度」（法法59③）の規定の適用を受ける場合には、上記①イ及びロの金額から法人税法57条1項又は法人税法58条1項の規定によりその適用年度の所得の金額の計算上損金の額に算入される金額を控除した金額

7 ┃ 損金に算入される欠損金額の範囲

QUESTION

会社更生法に係る課税の特例における損金に算入される欠損金
の範囲について教えてください。

Point　　繰越欠損金のうち青色欠損金等以外のいわゆる期限切れ欠損
金（債務免除益等の額を限度）の損金算入ができます。

Answer

　　会社更生法に係る課税の特例における損金の額に算入される欠
損金額は、適用年度終了の時における前事業年度から繰り越された欠
損金額のうち、その債務の免除を受けた金額、贈与を受けた金銭の額
及び金銭以外の資産の価額並びに会社更生法等の規定に従って行う評
価換えによる評価益の額（評価益の額が評価損の額に満たない場合は
ゼロ）の合計額に達するまでの金額とされます（法令116の3）。

　なお、「前事業年度以前の事業年度から繰り越された欠損金額の合
計額」とは、適用年度の確定申告書に添付する法人税申告書別表五
（一）の「利益積立金額及び資本金等の額の計算に関する明細書」に
期首現在利益積立金額の合計額として記載されるべき金額で、その金
額が負（マイナス）である場合のその金額とされます。ただし、その
金額が、その確定申告書に添付する法人税申告書別表七（一）の「欠
損金又は災害損失金の損金算入等に関する明細書」に控除未済欠損
額として記載されるべき金額に満たない場合には、その控除未済欠損
金額として記載されるべき金額とされます（法基通12-3-2）。

8 中小法人以外の法人の控除限度額の対象から除かれる特例事業年度

中小法人以外の法人における青色欠損金の繰越控除は、その適用を受けようとする事業年度の所得の金額の50％相当額が限度とされています。

しかし、再建中の法人の再建計画の影響等又は設立後間もない法人の財産基盤の健全化・安定化の影響を配慮して、これらの法人においては、一定の期間、所得の金額の全額まで控除できる特例事業年度の規定があるそうですが、その内容について教えてください。

Point　中小法人以外の法人のうち再建中の法人又は新設法人については、その再建プロセスへの影響及び会社創設期における影響に配慮して、控除限度額が所得の金額の全額まで控除できる特例事業年度が設けられています。

Answer　中小法人等以外の法人については、青色申告書を提出している法人において適用できる繰越控除制度における欠損金額に相当する金額が、その各事業年度の所得金額の50％相当額が限度（以下「所得控除限度額」といいます。）とされています（法法57①ただし書）。ただし、中小法人等については、所得控除限度額が100％相当額とされます（法法57⑪一）。

なお、所得控除限度額の対象から除かれる中小法人等以外の法人の欠損金の繰越控除の適用を受ける事業年度（以下「控除事業年度」といいます。）が、図表2－5に掲げる特例事業年度のいずれかに該当

する場合には、中小法人等と同様に、所得控除限度額が100％相当額とされます（法法57⑪二・三、法令112⑮〜⑱、法規26の3の2③）。

図表2−5　特例事業年度

区　　分	各事実に応じた事業年度
再建中の法人の場合	①　更生手続開始の決定があった場合におけるその更生手続開始の決定に係る更生計画認可の決定の日以後7年を経過する日までの期間内の日の属する事業年度（法令112⑮） ②　再生手続開始の決定があった場合におけるその再生手続開始の決定に係る再生計画認可の決定の日以後7年を経過する日までの期間内の日の属する事業年度（法令112⑯） ③　法人について特別清算開始の命令があったこと又は法人について破産手続開始の決定があったこと等の事実が生じた場合におけるその事実が生じた日から同日の翌日以後7年を経過する日までの期間内の日の属する事業年度（法令117二〜五、法基通12−3−1） ④　法令の規定による整理手続によらない負債の整理に関する計画の決定又は契約の締結で第三者が関与する協議によるものがあった場合におけるそのあった日から同日の翌日以後7年を経過する日までの期間内の日の属する事業年度（法令112⑰、法規26の3の2③）
新設法人の場合	法人の設立の日から同日以後7年を経過する日までの期間内の日の属する事業年度

9 ｜ 再生中の法人又は新設法人の特例除外事業年度

QUESTION

前述した特例事業年度に該当する適用事業年度においても、所得控除限度額が50％相当額とされる特例の対象から除外される事業年度（いわゆる特例除外事業年度）とされるケースがあるそうですが、その内容について教えてください。

Point　特例事業年度においても法人の再生が図られたと認められる
事由が生じた場合には、その事由が生じた日以後に終了する事業年度
については、所得控除限度額が50％相当額とされます。

Answer
　特例除外事業年度に該当する控除事業年度においても、法人の
事業の再生が図られたと認められる図表2－6に掲げる事由が生じた
場合には、再建に目途が立っており配慮しなくても再生できると考え
られるため、この特例の対象から除外され、所得控除限度額が50％
相当額とされます（法法57⑪二・三、法令112⑭⑲、法規26の3の
2①②）。

図表2－6　特例除外事業年度

区　　分	各事実に応じた事業年度
再建中の法人の場合	①　法人の事業の更生が図られたと認められる次に掲げる事由が生じた場合におけるその事由が生じた日以後に終了する事業年度 　イ　その法人の発行する株式又は出資が金融商品取引所等に上場されたこと 　ロ　その法人の発行する株式又は出資が店頭売買有価証券登録原簿に登録されたこと 　ハ　その法人のその更生手続開始の決定に係る更生計画で定められた弁済期間が満了したこと 　ニ　その法人のその更生手続開始の決定に係る更生債権の全てが債務の免除、弁済その他の事由により消滅したこと ②　法人の事業の再生が図られたと認められる次に掲げる事由が生じた場合におけるその事由が生じた日以後に終了する事業年度 　イ　その法人の発行する株式又は出資が金融商品取引所等に上場されたこと 　ロ　その法人の発行する株式又は出資が店頭売買有価証券登録原簿に登録されたこと 　ハ　その法人のその再生手続開始の決定に係る再生計画で定められた弁済期間が満了したこと 　ニ　その法人のその再生手続開始の決定に係る再生債権の全てが債務の免除、弁済その他の事由により消滅し

	たこと ③ 次に掲げる特例事由が生じた場合におけるその特例事由が生じた日以後に終了する事業年度 イ その法人の発行する株式又は出資が金融商品取引所等に上場されたこと ロ その法人の発行する株式又は出資が店頭売買有価証券登録原簿に登録されたこと ハ その法人のその特例事実に係る再生計画で定められた弁済期間が満了したこと ニ その法人のその特例事実に係る事実発生全債権の全てが債務の免除、弁済その他の事由により消滅したこと
新設法人の場合	法人に次の事由のいずれかが生じた場合におけるその事由が生じた日のうち最も早い日以後に終了する事業年度 イ その法人の発行する株式又は出資が金融商品取引所等に上場されたこと ロ その法人の発行する株式又は出資が店頭売買有価証券登録原簿に登録されたこと

10 │ 手続規定

QUESTION

上述した中小法人以外の法人の控除限度額の対象から除かれる特例事業年度及び再生中の法人の特例除外事業年度の適用を受ける場合における手続規定について教えてください。

Point 　税務署長がやむを得ない事情があると認める場合を除き、確定申告書等にその事実を証する書類の添付があるときに限り適用されます。

Answer
　上述した中小法人以外の法人の控除限度額の対象から除かれる特例事業年度（再建中の法人の場合の部分に限ります。）及び再生中の法人の特例除外事業年度（再建中の法人の場合の部分に限ります。）

の規定は、税務署長がやむを得ない事情があると認める場合を除き、確定申告書、修正申告書又は更正請求書にそれぞれに掲げる事実が生じたことを証する書類の添付があった時に限り、適用することとされています（法法 57 ⑫⑬）。

2 | 民事再生等の場合の欠損金の損金算入

1 | 制度の概要

QUESTION

民事再生等の再生計画認可の決定等があった場合の欠損金の損金算入制度の概要について教えてください。

Point 　民事再生等の再生計画認可の決定等又はこれに準ずる再建計画で債権放棄を受けた場合には、債権者等から受けた債務免除益、私財提供益及び資産評価益のうち、設立当初からの欠損金（青色欠損金及び災害損失欠損金を除きます。）のうち、債務免除益等の額に達するまでの金額の損金算入ができます。

Answer 　法人について再生手続開始の決定があったこと等一定の事実が生じた場合において、①債権者から受けた債務の免除を受けたとき、②役員又は株主である者若しくはこれらであった者から私財の提供を受けたとき、③益金又は損金の額に算入された資産の評価損益の額があるときには、その債務免除等を受けた日等の属する事業年度（以下「適用年度」といいます。）前の各事業年度において生じた欠損金額で一定で定めるものに相当する金額のうち、その債務免除益、私財提供益及び資産評価損益の合計額に達するまでの金額は、その適用年度の損金の額に算入されます（法法59②、法令117の2）。

　民事再生等の場合の欠損金の損金算入の規定は、資産の評価損益につき「評価益の益金算入」（法法25③）の規定又は「評価損の損金算

入」（法法33④）の規定の適用を受ける場合（いわゆる「評価換えあり」）又はその適用を受けない場合（いわゆる「評価換えなし」）に区分されます。

　なお、資産の評価換えありの場合における設立当初からの欠損金の範囲は、前述した「1　会社更生による債務免除等があった場合の欠損金の損金算入」と同様となります。

図表2-7　民事再生等の再生計画認可の決定等があった場合

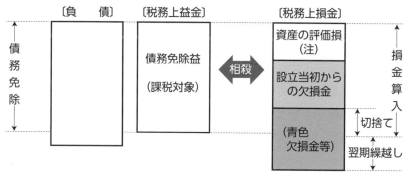

（注）適用年度が民事再生法等の評価換えの特例の規定の適用を受ける事業年度である場合

2 ｜ 適用を受けることができる事実及び債権

QUESTION

　民事再生等に係る課税の特例の適用を受けることができる事実及び適用対象となる債権の内容について教えてください。

Point　民事再生法等による法的資産整理又はこれに準ずる一定の私的資産整理が行われる場合です。

Answer

　「民事再生法等の場合の欠損金の損金算入」（法法59②）に規定する適用を受けることができる事実及び適用対象となる債権は、図

表2－8に掲げるとおりとされます（法令117、法基通12－3－1）。

図表2－8　適用を受けることができる事実及び適用対象となる債権

事実の区分	適用対象となる債権の範囲
①　再生手続開始の決定があったこと	再生債権（共益債権及び一般優先債権で、その再生手続開始前の原因に基づいて生じたものを含みます。）
②　内国法人について特別清算開始の命令があったこと	その特別清算開始前の原因に基づいて生じた債権
③　内国法人について破産手続開始の決定があったこと	破産債権（財団債権でその破産手続開始前の原因に基づいて生じたものを含みます。）
④　再生計画認可の決定に準ずる事実等	その事実の発生前の原因に基づいて生じた債権
⑤　①から④に掲げる事実に準ずる事実（更生手続開始の決定があったことを除きます。）（注）	その事実の発生前の原因に基づいて生じた債権

（注）「①から④に掲げる事実に準ずる事実」とは、次に掲げる事実とされます（法基通12－3－1）。

　イ　①から④までに掲げる事実以外において法律の定める手続による資産の整理があったこと。

　ロ　主務官庁の指示に基づき再建整備のための一連の手続を織り込んだ一定の計画を作成し、これに従って行う資産の整理があったこと。

　ハ　イ及びロ以外の資産の整理で、例えば、親子会社間において親会社が子会社に対して有する債権を単に免除するというようなものでなく、債務の免除等が多数の債権者によって協議の上決められる等その決定について恣意性がなく、かつ、その内容に合理性があると認められる資産の整理があったこと。

3 │ 適用対象となる債務免除益等

UESTION
民事再生等に係る課税の特例の適用を受けることができる事実

及び適用対象となる債務免除益等の内容について教えてください。

Point　再生手続開始の決定があったこと等一定の事実が生じた場合に債権者等から受けた債務免除益、私財提供益及び資産評価益が対象とされます。

Answer　内国法人について再生手続開始の決定があったこと等一定の事実が生じた場合において、その内国法人が図表2-9に掲げる債務免除益、私財提供益及び資産評価益が適用対象とされます（法法59②、法令117）。

図表2-9　適用対象となる債務免除益等

区　　分	事実の内容	金　　額
債務免除益	図表2-8の適用を受けることができる事実ごとに、その適用対象となる債権を有する者からその債権につき債務の免除を受けた場合	その債務の免除を受けた金額
私財提供益	図表2-8の適用を受けることができる事実が生じたことに伴い、その法人の役員等（注1）から金銭その他の資産の贈与を受けた場合	その贈与を受けた金銭の額及び金銭以外の資産の価額
資産評価益	民事再生等があった場合の資産の評価益及び評価損の益金及び損金の特例（以下「民事再生等の評価換えの特例」（法法25③、33④）といいます。）の規定の適用を受ける場合	民事再生等の評価換えの特例による評価益の額（注2）

（注1）役員等とは、その内国法人の役員である者及び株主である者又はこれらであった者をいい、その内国法人との間に連結完全支配関係がある連結法人は除かれます。
（注2）評価損の額がある場合には、これを減額した金額とされます。ただし、評価損の額が評価益の額より大きい場合には、対象となる金額は、債務免

除益の額及び私財提供益の額の合計額から評価損の額を控除した金額（いわゆる純評価損額）を控除した金額とされます（法基通12－3－4）。

　なお、前述した会社更生法等による資産の評価損益（84ページ図表2－2（注4）参照）では、資産の評価換えによる評価損の金額が評価益の金額を超えるときであっても、法令の規定上、益金に算入される評価益の額から損金に算入される評価損の額を控除することとされていることから、合計額の計算に当たって負（マイナス）が生じないこととされています。しかし、民事再生等による資産の評価損益では、資産の評価換えによる評価損の金額が評価益の金額を超えるときには、債務免除益の額及び私財提供益の額の合計額からその超えるマイナスの金額を合計することとされますので、留意してください。

重要事例

●債権者等との私的な協議に基づく債務免除は、更生手続開始の決定に準ずる事実等に当たらないとされた事例（熊本地判平22.10.1・TAINS Z 260－11524）

《要旨》

　本件各債権放棄は、同族会社である原告の臨時株主総会を経てされたものであるところ、それには、原告の経営陣である甲らのみが関与し、取引先金融機関及び取引相手方等原告の対外的な債権者の関与をあえて排除していること、及び原告は本件における資産の整理に当たり、再建計画書等、原告の再生に関する具体的な計画を有していないことからすれば、甲らによる多数の債権者の合意に基づくという原告の主張を考慮してもなお、本件各債権放棄が恣意性を排除して決定されたと認めることはできず、民事再生法による再生手続等と同視し得るような原告の再生のための手続がされたとは認められない。

　以上によれば、本件各債権放棄はその決定につき恣意性が排除されておらず、また、その内容につき原告の再生を目的とするものとして合理性を有しない。

　　したがって、本件各債権放棄は、「前3号に掲げる事実に準ずる事実」（法令117四）に該当しないので、「民事再生等の場合の欠損金の損金算入」（法法59②）の規定による欠損金の損金算入を認めることはできないと判示された。

4 | 民事再生等の評価換えの特例の規定の適用を受ける場合

QUESTION

適用年度が民事再生等の評価換えの特例の規定の適用を受ける事業年度である場合における損金に算入される欠損金の範囲について教えてください。

Point

繰越欠損金のうち青色欠損金等以外のいわゆる期限切れ欠損金（債務免除益、私財提供益及び資産評価益の額の合計額を限度）の損金算入ができます。

Answer

　　適用年度が民事再生法等の評価換えの特例の規定の適用を受ける事業年度である場合における損金の額に算入される欠損金額は、適用年度終了の時における前事業年度以前から繰り越された欠損金額のうち、その債務の免除を受けた金額、贈与を受けた金銭の額及び金銭以外の資産の価額並びに資産評価益の額の合計額（以下「債務免除益、私財提供益及び資産評価益の額の合計額」といいます。）に達するまでの金額とされます（法法59②、法令117の2）。

　　なお、資産評価損の額がある場合には、資産評価益の額を減額した金額とされます。資産評価損の額が資産評価益の額より大きい場合（減額した金額がマイナスの場合）には、対象となる金額は、債務免

除益の額及び私財提供益の額の合計額から資産評価損の額から資産評価益の額を控除した金額（いわゆる純評価損額）を控除した金額とされます（法基通12－3－4）。

　ただし、その債務免除益、私財提供益及び資産評価益の額の合計額が、この欠損金の損金算入の規定並びに「青色欠損金の繰越控除額」（法法57①）の規定及び「災害損失欠損金の繰越控除額」（法法58①）の規定を適用しないものとして計算した場合における適用年度の所得の金額を超える場合には、その債務免除益、私財提供益及び資産評価益の額の合計額からその超える部分の金額を控除した金額に達するまでの金額に限り、損金の額に算入されます（法法59②かっこ書き）。

　なお、「前事業年度以前の事業年度から繰り越された欠損金額の合計額」とは、適用年度の確定申告書に添付する法人税申告書別表五（一）の「利益積立金額及び資本金等の額の計算に関する明細書」に期首現在利益積立金額の合計額として記載されるべき金額で、その金額が負（マイナス）である場合のその金額とされます。ただし、その金額が、その確定申告書に添付する法人税申告書別表七（一）の「欠損金又は災害損失金の損金算入等に関する明細書」に控除未済欠損金額として記載されるべき金額に満たない場合には、その控除未済欠損金額として記載されるべき金額とされます（法基通12－3－2）。

　そこで、これらの場合における損金の額に算入される欠損金額は、次の〔損金に算入される欠損金の対象となる金額〕の①から③に掲げる金額のうち最も少ない金額とされます。

〔損金に算入される欠損金の対象となる金額〕

① 債務免除益、私財提供益及び資産評価益の額の合計額

② 適用年度終了の時における前事業年度以前から繰り越された欠損金額－（適用年度において控除される青色欠損金の繰越控除額＋適用年度において控除さ

れる災害損失欠損金の繰越控除額)

（注）資産の評価損益につき「評価益の益金算入」（法法25③）の規定又は「評価損の損金算入」（法法33④）の規定の適用を受ける法人（いわゆる評価換えあり）は、設立当初からの欠損金を青色欠損金等及び災害損失欠損金等に優先して控除することができます（法基通12－3－5）。

③　適用年度のこの制度並びに青色欠損金の繰越控除額及び災害損失欠損金の繰越控除額を適用しないものを適用しないで計算した場合の所得の金額

5 ｜ 民事再生等の評価換えの特例の規定の適用を受けない場合

QUESTION

Q 適用年度が民事再生等の評価換えの特例の規定の適用を受ける事業年度でない場合における損金に算入される欠損金の範囲について教えてください。

Point 繰越欠損金のうち青色欠損金等以外のいわゆる期限切れ欠損金（債務免除益及び私財提供益の合計額を限度）の損金算入ができます。

ただし、資産の評価損益につき「評価益の益金算入」（法法 25 ③）の規定又は「評価損の損金算入」（法法 33 ④）の規定の適用を受けない法人（いわゆる評価換えなし）は、設立当初からの欠損金を青色欠損金等及び災害損失欠損金等に優先して控除することができません。

Answer 適用年度が民事再生法等の評価換えの特例の規定の適用を受ける事業年度でない場合における損金の額に算入される欠損金額は、適用年度終了の時における前事業年度以前から繰り越された欠損金額のうち、その債務の免除を受けた金額、贈与を受けた金銭の額及び金銭

以外の資産の価額の合計額（以下「債務免除益及び私財提供益の合計額」といいます。）に達するまでの金額とされます（法法59②、法令117の2）。

　ただし、その債務免除益及び私財提供益の合計額が、この欠損金の損金算入の規定及び「残余財産の確定に係る事業税の損金算入」（法法62⑤）の規定を適用しないものとして計算した場合における適用年度の所得の金額（青色欠損金の繰越控除額及び災害損失欠損金の繰越控除額の合計額の控除後の所得の金額）を超える場合には、その債務免除益及び私財提供益の合計額からその超える部分の金額を控除した金額に達するまでの金額に限り、損金の額に算入されます（法法59②かっこ書き）。

　なお、「前事業年度以前の事業年度から繰り越された欠損金額の合計額」とは、適用年度の確定申告書に添付する法人税申告書別表五（一）の「利益積立金額及び資本金等の額の計算に関する明細書」に期首現在利益積立金額の合計額として記載されるべき金額で、その金額が負（マイナス）である場合のその金額とされます。ただし、その金額が、その確定申告書に添付する法人税申告書別表七（一）の「欠損金又は災害損失金の損金算入等に関する明細書」に控除未済欠損金額として記載されるべき金額に満たない場合には、その控除未済欠損金額として記載されるべき金額とされます（法基通12－3－2）。

　そこで、これらの場合における損金の額に算入される欠損金額は、次の〔損金に算入される欠損金の対象となる金額〕の①から③に掲げる金額のうち最も少ない金額とされます。

〔損金に算入される欠損金の対象となる金額〕
① 　債務免除益及び私財提供益の合計額
② 　適用年度終了の時における前事業年度以前から繰り越された欠損金額－（適用年度において控除される青色欠損金の繰越控除額＋適用年度において控除さ

れる災害損失欠損金の繰越控除額)

③　適用年度のこの制度を適用しないで計算した場合の所得の金額

6 | 設例による検討

設例1　会社更生等の欠損金の損金算入

　次の資料に基づき、M社の当期（令和3年4月1日～令和4年3月31日）における「更生欠損金の損金算入及び民事再生等評価換えが行われる場合の再生等欠損金の損金算入に関する明細書（法人税別表七（二））」の記載方法について教えてください。

(1) M社（期末資本金10億円の普通法人）は、更生手続開始の決定及び更生計画認可の決定の事実が生じています。また、設立以来継続して青色申告書を提出しており、当期においても青色申告書を提出しています。なお、過去において欠損金の繰戻還付の適用は受けていません。

(2) 贈与及び債務免除

　　① 役員からの金銭の贈与　　　　6,000,000 円

　　② 株主からの金銭の贈与　　　　5,500,000 円

　　③ 元役員からの金銭の贈与　　　2,000,000 円

　　④ 使用人からの金銭の贈与　　　1,000,000 円

　　⑤ 債権者からの債務免除　　　 20,000,000 円

(3) 会社更生法の規定に従って行う評価換えによる評価益 3,000,000 円、評価損 4,500,000 円が生じています。

(4) 適用年度前の各事業年度において生じた欠損金額（当期の別表五（一）の「利益積立金額及び資本金等の額の計算に関する明細書」の期首現在利益積立金額の合計額）は、△50,000,000 円となっています。このうち青色欠損金額の繰越控除の適用がある欠損金は△20,000,000 円であり、発生事業年度別の内訳は次のとおりとされます。

　　① 令和2年3月期　　　△10,000,000 円

　　② 平成31年3月期　　　△7,000,000 円

③　平成 30 年 3 月期　　△ 3,000,000 円

(5) 当期における所得の金額（別表四「差引計『39』」）は 45,000,000
円となっています。

解　答

1　会社更生法等の欠損金の損金算入

① 債務免除益等

イ　債務免除益

20,000,000 円

ロ　私財提供益

6,000,000 円＋ 5,500,000 円＋ 2,000,000 円＝ 13,500,000 円

ハ　資産の評価益

3,000,000 円－ 4,500,000 円＝△ 1,500,000 円＜ 0 円　　∴　0 円

ニ　イ＋ロ＋ハ＝ 33,500,000 円

② 適用年度終了の時における前事業年度以前から繰り越された欠損金
額

50,000,000 円

③ 会社更生法等の欠損金の当期控除額

①＜②　　∴　33,500,000 円

2　欠損金額から成らないものとする金額

① 会社更生法等の欠損金の当期控除額

33,500,000 円

② 差引欠損金（期限切れ欠損金）

設立当初からの欠損金　　青色欠損金合計
50,000,000 円－ 20,000,000 円＝ 30,000,000 円

③ 欠損金額から成らないものとする金額

①－②＝ 3,500,000 円

④ 発生事業年度別の内訳

イ　平成 30 年 3 月期

③の金額
3,000,000 円＜ 3,500,000 円　　∴　3,000,000 円

ロ　平成 31 年 3 月期

7,000,000 円 > 500,000 円（③の金額 3,500,000 円 − ④イの金額 3,000,000 円）

∴　500,000 円

ハ　令和 2 年 3 月期

10,000,000 円 > 0 円（③の金額 3,500,000 円 − ④イの金額 3,000,000 円 − ④ロの金額 500,000 円）

∴　0 円

3　青色欠損金の翌期繰越額

イ　平成 30 年 3 月期

3,000,000 円 − 2④イの金額 3,000,000 円 ＝ 0 円

ロ　平成 31 年 3 月期

7,000,000 円 − 2④ロの金額 500,000 円 ＝ 6,500,000 円

ハ　令和 2 年 3 月期

10,000,000 円 − 2④ハの金額 0 円 ＝ 10,000,000 円

ニ　合計

イ＋ロ＋ハ ＝ 16,500,000 円

解　説

　評価換えについては、純評価益を含めるため、純評価損（0 円）となる場合は切捨てとされます。

　また、私財提供等のうち、使用人からの金銭の贈与は、会社更生等の欠損金の損金算入の債務免除には含まれません。

　会社更生等の欠損金の当期控除額のうち、青色欠損金額から成る部分の金額 3,500,000 円を切り捨てます。そこで、翌期に繰り越される青色欠損金は 16,500,000 円（20,000,000 円 − 3,500,000 円）とされます。

明細書の記載

(1) この明細書は、法人が「会社更生等による債務免除等があった場合の欠損金の損金算入」（法法 59 ①、②三）の規定の適用を受ける場合に記載します。

(2) 「適用年度終了の時における前期以前の事業年度又は連結事業年度から繰り越された欠損金額及び個別欠損金額『8』」欄又は「適用年度終

了の時における前期以前の事業年度又は連結事業年度から繰り越された
欠損金額及び個別欠損金額『19』」欄には、当期の別表五（一）の「期
首現在利益積立金額①」の「差引合計額『31』」欄に記載されるべき金
額がマイナス（△）である場合のその金額を記載します。

　ただし、その金額が、別表七（一）の「『3』の計」欄に記載される
べき金額に満たない場合には、その記載されるべき金額を記載します。

(3)「調整前の控除未済欠損金額『25』」欄は、当該事業年度が「青色申
　　告書を提出した事業年度の欠損金の繰越し」（法法 57 ②④）又は「青
　　色申告書を提出しなかった事業年度の災害による損失金の繰越し」（法
　　法 58 ②）の規定の適用を受ける事業年度である場合には、別表七（一）
　　付表一『3』の金額を記載します。

更生欠損金の損金算入及び民事再生等評価換えが行われる場合の再生等欠損金の損金算入に関する明細書	事業年度	3・4・1 4・3・31	法人名	M社

更生欠損金の損金算入に関する明細

債務免除等による利益の内訳	債務の免除を受けた金額	1	20,000,000 円	適用年度終了の時における前期以前の事業年度又は連結事業年度から繰り越された欠損金額及び個別欠損金額	8	50,000,000 円
	私財提供を受けた金銭の額	2	13,500,000	当期控除額 ((7)と(8)のうち少ない金額)	9	33,500,000
	私財提供を受けた金銭以外の資産の価額	3	0			
	資産の評価益の総額	4	3,000,000	欠損金額 (25の計)	10	20,000,000
	資産の評価損の総額	5	4,500,000	差引欠損金額 (8)-(10)	11	30,000,000
	純評価益の額 (4)-(5) (マイナスの場合は0)	6	0	欠損金額からないものとする金額 (9)-(11) (マイナスの場合は0)	12	3,500,000
	計 (1)+(2)+(3)+(6)	7	33,500,000			

民事再生等評価換えが行われる場合の再生等欠損金の損金算入に関する明細

債務免除等による利益の内訳	債務の免除を受けた金額	13	円	適用年度終了の時における前期以前の事業年度又は連結事業年度から繰り越された欠損金額及び個別欠損金額	19	円
	私財提供を受けた金銭の額	14		所得金額差引計 (別表四「39の①」)	20	
	私財提供を受けた金銭以外の資産の価額	15		当期控除額 ((18)、(19)と(20)のうち少ない金額)	21	
	資産の評価益の総額 (別表十四(一)「13」)	16		欠損金額 (25の計)	22	
	資産の評価損の総額 (別表十四(一)「24」)	17		差引欠損金額 (19)-(22)	23	
	計 (13)+(14)+(15)+(16)-(17)	18		欠損金額からないものとする金額 (21)-(23) (マイナスの場合は0)	24	

控除未済欠損金額の調整

発生事業年度	調整前の控除未済欠損金額	欠損金額からないものとする金額 当該発生事業年度の(25)と(((12)又は(24))-当該発生事業年度前の(26)の合計額)のうち少ない金額	差引控除未済欠損金額 (25)-(26)
	25	26	27
30・4・1 31・3・31	3,000,000 円	3,000,000 円	0 円
31・4・1 2・3・31	7,000,000	500,000	6,500,000
2・4・1 3・3・31	10,000,000	0	10,000,000
・・・			
計	20,000,000	3,500,000	16,500,000

| 設例 2 | 民事再生等の欠損金の損金算入（評価換えありの場合） |

　次の資料に基づき、M社の当期（令和3年4月1日～令和4年3月31日）における「更生欠損金の損金算入及び民事再生等評価換えが行われる場合の再生等欠損金の損金算入に関する明細書（法人税別表七（二））」の記載方法について教えてください。

(1) M社（期末資本金10億円の普通法人）は、再生手続開始の決定及び再生計画認可の決定の事実が生じています。また、設立以来継続して青色申告書を提出しており、当期においても青色申告書を提出しています。なお、過去において欠損金の繰戻還付の適用は受けていません。

(2) 贈与及び債務免除

　　①　役員からの金銭の贈与　　　3,000,000 円

　　②　株主からの金銭の贈与　　　2,500,000 円

　　③　債権者からの債務免除　　12,000,000 円

(3) 民事再生法の規定による評価益2,500,000円、評価損3,000,000円が生じています。

(4) 適用年度前の各事業年度において生じた欠損金額（当期の別表五（一））の「利益積立金額及び資本金等の額の計算に関する明細書」の期首現在利益積立金額の合計額は、△40,000,000円となっています。このうち青色欠損金額の繰越控除の適用がある欠損金額は△25,000,000円であり、発生事業年度別の内訳は次のとおりとされます。

　　①　令和2年3月期　　　△20,000,000 円

　　②　平成31年3月期　　　△5,000,000 円

(5) 当期における所得の金額（別表四「差引計『39』」）は25,000,000円となっています。

| 解　答 |

1　民事再生等の欠損金の損金算入

　①　債務免除益等

　　　イ　債務免除益

　　　　12,000,000 円

　　　ロ　私財提供益

　　　　3,000,000 円＋ 2,500,000 円＝ 5,500,00 円

　　　ハ　資産の評価益

　　　　2,500,000 円－ 3,000,000 円＝△ 500,00 円

　　　ニ　イ＋ロ＋ハ＝ 17,000,000 円

　②　欠損金額

　　40,000,000 円

　③　所得金額

　　25,000,000 円

　④　②＞③＞①　　∴　17,000,000 円

2　欠損金額から成らないものとする金額

　①　民事再生等の欠損金の当期控除額

　　17,000,000 円

　②　差引欠損金（期限切れ欠損金）

　　　_{設立当初からの欠損金}　　_{青色欠損金合計}
　　40,000,000 円－ 25,000,000 円＝ 15,000,000 円

　③　欠損金額から成らないものとする金額

　　①－②＝ 2,000,000 円

　④　発生事業年度別の内訳

　　　イ　平成 31 年 3 月期

　　　　　　　　　　_{③の金額}
　　　5,000,000 円＞ 2,000,000 円　　∴　2,000,000 円

　　　ロ　令和 2 年 3 月期

　　　　　　　　　　　　_{③の金額}　　　　_{④イの金額}
　　　20,000,000 円＞ 0円（2,000,000 円－ 2,000,000 円）　　∴　0円

3　青色欠損金の翌期繰越額

　　イ　平成 31 年 3 月期

　　　　　　　　_{2④ィの金額}
　　5,000,000 円－ 2,000,000 円＝ 3,000,000 円

　　ロ　令和 2 年 3 月期

　　　　　　　　_{2④ロの金額}
　　20,000,000 円－　0円　＝ 20,000,000 円

　ハ　合計
　　イ＋ロ＝ 23,000,000 円

解　説

　民事再生等による資産の評価損益では、資産の評価換えによる評価損の金額が評価益の金額を超えるときには、債務免除益の額及び私財提供益の額の合計額からその超えるマイナスの金額を合計することとされます。

　民事再生等の欠損金の損金算入では、評価損の損金算入及び期限切れ欠損金を青色欠損金等の繰越控除よりも優先的に適用することにより債務免除益に対する課税が軽減されます。

　民事再生等の欠損金の当期控除額のうち、青色欠損金額から成る部分の金額 20,000,000 円を切り捨てます。そこで、翌期に繰り越される青色欠損金は 23,000,000 円（25,000,000 円－ 2,000,000 円）とされます。

明細書の記載

(1)　この明細書は、「民事再生等評価換えが行われる場合の再生等欠損金の損金算入」（法法 59 ②三）の規定の適用を受ける場合に記載します。
(2)　「調整前の控除未済欠損金額『25』」欄は、当該事業年度が「青色申告書を提出した事業年度の欠損金の繰越し」（法法 57 ②④）の規定の適用を受ける事業年度である場合には、別表七（一）付表一『3』の金額を記載します。

　　また、当該事業年度前の各事業年度において生じた欠損金額（欠損金額とみなされたものを含みます。）のうち、法人税法第 57 条第 9 項の規定によりないものとされる欠損金額及び当該法人が「特定株主等によって支配された欠損等法人の欠損金の繰越しの不適用」（法法 57 の 2 ①）に規定する欠損等法人である場合における適用事業年度前の各事業年度において生じた欠損金額は記載しません。

更生欠損金の損金算入及び民事再生等評価換えが行われる場合の再生等欠損金の損金算入に関する明細書	事業年度	3・4・1 4・3・31	法人名	M社

更生欠損金の損金算入に関する明細

債務免除等による利益の内訳	債務の免除を受けた金額	1	円	適用年度終了の時における前期以前の事業年度又は連結事業年度から繰り越された欠損金額及び個別欠損金額	8	円
	私財提供を受けた金銭の額	2		当期控除額 ((7)と(8)のうち少ない金額)	9	
	私財提供を受けた金銭以外の資産の価額	3		欠損金額 (25の計)	10	
	資産の評価益の総額	4		差引欠損金額 (8)-(10)	11	
	資産の評価損の総額	5		欠損金額からないものとする金額 (9)-(11) (マイナスの場合は0)	12	
	純評価益の額 (4)-(5) (マイナスの場合は0)	6				
	計 (1)+(2)+(3)+(6)	7				

民事再生等評価換えが行われる場合の再生等欠損金の損金算入に関する明細

債務免除等による利益の内訳	債務の免除を受けた金額	13	12,000,000 円	適用年度終了の時における前期以前の事業年度又は連結事業年度から繰り越された欠損金額及び個別欠損金額	19	40,000,000 円
	私財提供を受けた金銭の額	14	5,500,000	所得金額差引計 (別表四「39の①」)	20	25,000,000
	私財提供を受けた金銭以外の資産の価額	15	0	当期控除額 ((18)、(19)と(20)のうち少ない金額)	21	17,000,000
	資産の評価益の総額 (別表十四(一)「13」)	16	2,500,000	欠損金額 (25の計)	22	25,000,000
	資産の評価損の総額 (別表十四(一)「24」)	17	3,000,000	差引欠損金額 (19)-(22)	23	15,000,000
	計 (13)+(14)+(15)+(16)-(17)	18	17,000,000	欠損金額からないものとする金額 (21)-(23) (マイナスの場合は0)	24	2,000,000

控除未済欠損金額の調整

発生事業年度	調整前の控除未済欠損金額	欠損金額からないものとする金額 〔当該発生事業年度の(25)と(((12)又は(24))-当該発生事業年度前の(26)の合計額)のうち少ない金額〕	差引控除未済欠損金額 (25)-(26)
	25	26	27
31・4・1 2・3・31	5,000,000 円	2,000,000 円	3,000,000 円
2・4・1 3・3・31	20,000,000	0	20,000,000
・ ・ ・ ・			
・ ・ ・ ・			
・ ・ ・ ・			
・ ・ ・ ・			
・ ・ ・ ・			
・ ・ ・ ・			
・ ・ ・ ・			
計	25,000,000	2,000,000	23,000,000

設例3 民事再生等の欠損金の損金算入（評価換えなしの場合）

　次の資料に基づき、M社の当期（令和3年4月1日～令和4年3月31日）における「欠損金又は災害損失金の損金算入に関する明細書（法人税別表七（一））」及び「民事再生等評価換えが行われる場合以外の再生等欠損金の損金算入に関する明細書（法人税別表七（三））」の記載方法について教えてください。

(1) M社（期末資本金10億円の普通法人）は、再生手続開始の決定の事実が生じています。また、設立以来継続して青色申告書を提出しており、当期においても青色申告書を提出しています。なお、過去において欠損金の繰戻還付の適用は受けていません。

(2) 贈与及び債務免除
　　① 役員からの金銭の贈与　　　4,500,000円
　　② 株主からの金銭の贈与　　　6,500,000円
　　③ 債権者からの債務免除　　 17,000,000円

(3) 適用年度前の各事業年度において生じた欠損金額（当期の別表五（一）の「利益積立金額及び資本金等の額の計算に関する明細書」の期首現在利益積立金額の合計額）は、△35,000,000円となっています。このうち青色欠損金額の繰越控除の適用がある欠損金額は△25,000,000円であり、発生事業年度別の内訳は次のとおりとされます。
　　○　令和2年3月期　　△25,000,000円

(4) 当期における所得金税額（別表四「差引計『39』」）は30,000,000円となっています。

解　答

1　民事再生等の欠損金の損金算入
　① 債務免除益等
　　17,000,000円
　② 私財提供益
　　4,500,000円＋6,500,000円＝11,000,000円
　③ ①＋②＝28,000,000円

2　適用を受ける欠損金額

① 　適用年度終了時における前事業年度以前から繰り越された欠損金額

35,000,000 円

② 　青色欠損金の当期控除額

青色欠損金合計　　　　所得金額(別表四差引計)
25,000,000 円＜ 30,000,000 円　　∴　25,000,000 円

③ 　差引欠損金額

①－②＝ 10,000,000 円

3　適用年度にこの制度を適用しないで計算した場合の所得金額

① 　所得金額（別表四差引計）

30,000,000 円

② 　所得金額差引計

上記①　　　　　　　上記1③
30,000,000 円－ 25,000,000 円＝ 5,000,000 円

4　民事再生法等の欠損金の当期控除額

上記1①、上記2③、上記3②のうち少ない金額　　∴　5,000,000 円

解　説

　繰越欠損金のうち青色欠損金等以外のいわゆる期限切れ欠損金（債務免除益及び私財提供益の合計額を限度）の損金算入ができます。

　ただし、資産の評価損益につき「評価益の益金算入」（法法 25 ③）の規定、又は「評価損の損金算入」（法法 33 ④）の規定の適用を受けない法人（いわゆる評価換えなし）は、設立当初からの欠損金を青色欠損金等及び災害損失欠損金等に優先して控除することができません。

コラム	民事再生等による債務免除等があった場合（一定の評定を行わない場合）の期限切れ欠損金の損金算入の調整規定の廃止（平成 27 年度税制改正）

　平成 23 年度税制改正において、青色欠損金の繰越控除及び災害損失欠損金の繰越控除の所得控除限度額が所得金額の 80％相当額とされたことに伴い、青色欠損金等の繰越前の所得の金額が債務免除等による利益の額の合計額を超える場合には、その青色欠損金等の控除後の所得の金額から、

その超える部分の金額の20％相当額を控除した金額を限度として、民事再生等による期限切れ欠損金の損金算入を行うこととされました（旧法法59②、旧法令117の2）。これは、所得控除限度額により青色欠損金等を控除しきれなかった場合に、期限切れ欠損金が青色欠損金等に優先して控除されることのないようにするための調整のための規定とされていました。

　平成27年度税制改正では、再建中の法人及び新設法人等については、その再建プロセスへの影響及び会社創業期における影響に配慮して、所得の全額まで控除が認められる特例が創設されました（法法57⑪二・三）。これにより、欠損金の繰越控除の控除限度額が欠損金額控除前の所得の金額とされたことから、その調整が不要となったため、平成23年度税制改正で創設された調整規定は廃止されました。

明細書の記載

(1) この明細書は、「民事再生等評価換えが行われる場合以外の再生等欠損金の損金算入」（法法59②）の規定の適用を受ける場合に記載します。

(2) 「適用年度終了の時における前期以前の事業年度又は連結事業年度から繰り越された欠損金額及び個別欠損金額『5』」欄には、当期の別表五（一）の「期首現在利益積立金額①」の「差引合計額『31』」欄に記載されるべき金額がマイナス（△）である場合のその金額を記載します。
　　ただし、その金額が、別表七（一）の「『3』の計」欄に記載されるべき金額に満たない場合には、その記載されるべき金額を記載します。

(3) 「適用年度終了の時における資本金等の額『6』」欄は、法人が「解散の場合の欠損金の損金算入」（法法59③）の規定の適用を受ける場合についてのみ記載します。

(4) 「当期控除額『4』、『8』と『9』のうち少ない金額『10』」欄は、法人が「解散の場合の欠損金の損金算入」（法法59③）の規定の適用を受ける場合には、「(4)、」を消します。

(5) 『11』から『15』までの各欄は、法人が「民事再生法等の場合の欠損金の損金算入の規定」（法法59③）の規定の適用を受ける場合には、記載は不要です。

欠損金又は災害損失金の損金算入等に関する明細書		事業年度	3・4・1 4・3・31	法人名	M社

控除前所得金額 (別表四「39の①」)−(別表七(二)「9」又は「21」)	1	円	所得金額控除限度額 (1) × $\frac{50又は100}{100}$	2	円

事業年度	区　分	控除未済欠損金額 3	当期控除額 (当該事業年度の(3)と((2)−当該事業年度前の(4)の合計額))のうち少ない金額 4	翌期繰越額 ((3)−(4))又は(別表七(三)「15」) 5
・・・	青色欠損・連結みなし欠損・災害損失	円	円	
・・・	青色欠損・連結みなし欠損・災害損失			円
・・・	青色欠損・連結みなし欠損・災害損失			
・・・	青色欠損・連結みなし欠損・災害損失			
・・・	青色欠損・連結みなし欠損・災害損失			
・・・	青色欠損・連結みなし欠損・災害損失			
・・・	青色欠損・連結みなし欠損・災害損失			
・・・	青色欠損・連結みなし欠損・災害損失			
2・4・1 3・3・31	青色欠損・連結みなし欠損・災害損失	25,000,000	25,000,000	0
	計	25,000,000	25,000,000	0

当期分	欠損金額 (別表四「48の①」)		欠損金の繰戻し額	
	同上のうち	災害損失金		
		青色欠損金		
	合　計			

災害により生じた損失の額の計算

災害の種類		災害のやんだ日又はやむを得ない事情のやんだ日	・・
災害を受けた資産の別	棚卸資産 ①	固定資産 (固定資産に準ずる繰延資産を含む。) ②	計 ①+② ③

当期の欠損金額 (別表四「48の①」)	6			円
資産の滅失等により生じた損失の額	7	円	円	
被害資産の原状回復のための費用等に係る損失の額	8			
被害の拡大又は発生の防止のための費用に係る損失の額	9			
計 (7)+(8)+(9)	10			
保険金額又は損害賠償金等の額	11			
差引災害により生じた損失の額 (10)−(11)	12			
同上のうち所得税額の還付又は欠損金の繰戻しの対象となる災害損失金額	13			
中間申告における災害損失欠損金の繰戻し額	14			
繰戻しの対象となる災害損失欠損金額 ((6の③)と((13の③)−(14の③))のうち少ない金額)	15			
繰越控除の対象となる損失の額 ((6の③)と((12の③)−(14の③))のうち少ない金額)	16			

<table>
<tr><td colspan="3">民事再生等評価換えが行われる場合以外の再生等
欠損金の損金算入及び解散の場合の欠損金の損金
算入に関する明細書</td><td>事業
年度</td><td>3・4・1
4・3・31</td><td>法人名</td><td colspan="2">M社</td><td>別表七(三)　令三・四・一以後終了事業年度分</td></tr>
</table>

債務免除等による利益の内訳	債務の免除を受けた金額	1	17,000,000 円	所得金額差引計 (別表四「39の①」) − (7)	9	5,000,000 円
	私財提供を受けた金銭の額	2	11,000,000			
	私財提供を受けた金銭以外の資産の価額	3	0	当期控除額 ((4)、(8)と(9)のうち少ない金額)	10	5,000,000
	計 (1)+(2)+(3)	4	28,000,000			
欠損金額等の計算	適用年度終了の時における前期以前の事業年度又は連結事業年度から繰り越された欠損金額及び個別欠損金額	5	35,000,000	調整前の欠損金の翌期繰越額 (13の計)	11	0
	適用年度終了の時における資本金等の額 (別表五(一)「36の④」) (プラスの場合は0)	6	△			
	災害損失金又は災害損失金の当期控除額 (別表七(一)「4の計」)	7	25,000,000	欠損金額からないものとする金額 ((10)と(11)のうち少ない金額)	12	0
	差引欠損金額 (5)−(6)−(7)	8	10,000,000			

欠損金の翌期繰越額の調整

発生事業年度	調整前の欠損金の翌期繰越額 (別表七(一)「3」−「4」)	欠損金額からないものとする金額 当該発生事業年度の(13)と((12)−当該発生事業年度前の(14)の合計額)のうち少ない金額	差引欠損金の翌期繰越額 (13)−(14)
	13	14	15
2・4・1 3・3・31	0 円	0 円	0 円
・・			
・・			
・・			
・・			
・・			
・・			
・・			
・・			
・・			
計	0	0	0

第 3 章

会社解散による
欠損金の活用と
留意点

1 期限切れ欠損金の損金算入

1 解散の場合の期限切れ欠損金の損金算入

Question

平成 22 年度税制改正では、清算所得課税が廃止され、いわゆる通常の所得課税（法法 22、同法 74）が行われることとなり、その際、清算所得課税廃止に伴う税負担を考慮して、期限切れ欠損金の損金算入制度が創設されたそうですが、期限切れ欠損金の損金算入制度の概要について教えてください。

Point　会社を解散した場合で一定の要件に該当するときには、期限切れ欠損金を損金に算入することができます。

Answer

内国法人が解散した場合において、残余財産がないと見込まれるときは、その清算中に終了する事業年度（「会社更生法等による債務免除等があった場合の欠損金の損金算入」（法法 59 ①）及び「民事再生法等による債務免除等があった場合の欠損金の損金算入」（法法 59 ②）の規定の適用を受ける事業年度を除く。以下「適用年度」といいます。）前の各事業年度において生じた欠損金額を基礎として計算した金額に相当する金額（その金額がこの規定及び最後事業年度の事業税（法法 62 の 5 ⑤）の規定を適用しないものとして計算した場合におけるその適用年度の所得の金額を超える場合には、その超える部分の金額を控除した金額。以下「期限切れ欠損金額」といいます。）は、その適用年度の所得の金額の計算上、損金の額に算入されます

（法法 59 ③）。

2 ｜ 期限切れ欠損金の範囲

QUESTION

解散の場合の期限切れ欠損金の損金算入における損金の額に算入することができる期限切れ欠損金の範囲について教えてください。

Point　繰越欠損金額の合計額から青色欠損金等を控除した残額のうち、各事業年度の所得の金額に達するまでの金額とされます。

Answer
　損金の額に算入することができる期限切れ欠損金額とは、次の①に掲げる金額から②に掲げる金額を控除した金額とされます（法令118）。

① 適用年度終了の時における前事業年度以前の事業年度から繰り越された欠損金額の合計額（その適用事業年度終了の時における資本金等の額が零以下である場合には、その欠損金額の合計額からその資本金等の額を減額した金額）

(注) その事業年度の確定申告書に添付する法人税申告書別表五（一）の「利益積立金額の計算に関する明細書及び資本金等の額の計算に関する明細書」に期首現在利益積立金額の合計額（差引合計額「31 ①」）として記載されるべき金額で、その金額が負（△：マイナス）である場合のその金額をいいます（法基通 12－3－2）。

② 「青色申告書を提出した事業年度の欠損金の繰越し」（法法 57①）又は「青色申告書を提出しなかった事業年度の災害による損失金の繰越し」（法法 58 ①）の規定により適用年度の所得の金額の計算上、損金の額に算入される欠損金額（以下、単に「青色欠損金

等」といいます。)

図表3−1　解散の場合の期限切れ欠損金の範囲

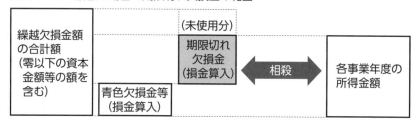

3 ｜ 残余財産がないと見込まれるかどうかの判定

QUESTION

一般的に解散した法人は財産を換価し、債務の弁済等に充てて残余財産を確定させ、その残余財産に余剰が生じた場合には、これを株主に分配することになるそうですが、解散した法人において残余財産がないと見込まれるときとは、どのような状況をもって判断すればよいのが教えてください。

Point　解散した法人がその事業年度終了の時において債務超過の状態にあるときには、残余財産がないと見込まれる場合に該当することとされます。

Answer

「解散した場合の期限切れ欠損金額の損金算入」(法法59③)に規定する「残余財産がないと見込まれる」かどうかの判定は、法人の清算中に終了する各事業年度終了の時の現況によることとされます(法基通12−3−7)。そこで、解散した法人がその事業年度終了の時に残余財産がないと見込まれたことから、期限切れ欠損金を損金に算入して法人税の申告書を提出した場合でも、その後に状況が変わって当初の見込みと異なることとなっても、過去において行った期限切

れ欠損金を損金に算入した申告を遡って修正する必要はありません。

　また、解散した法人がその事業年度終了の時において債務超過の状態にあるときには、「残余財産がないと見込まれる場合」に該当することとされます（法基通12－3－8）。例えば、裁判所又は公的機関等が関与する次に掲げる手続等で、これら機関等が対象法人の債務超過の状態を確認しているケースは、「残余財産がないと見込まれる場合」に該当するものと考えられます。

① 清算型の法的整理手続である破産又は特別清算の手続開始の決定又は開始の命令がなされた場合（特別清算の開始の命令が「清算の遂行に著しい支障を来すべき事情があること」のみを原因としてなされた場合を除きます。）

② 再生型の法的整理手続である民事再生又は会社更生の手続開始の決定後、清算手続が行われる場合

③ 公的機関の関与又は一定の準則に基づき独立した第三者が関与して策定された事業再生計画に基づいて清算手続が行われている場合

（注）例えば、企業再生支援機構、整理回収機構、中小企業再生支援協議会等の公的機関が関与する手続又は私的整理ガイドライン、産業活力再生特別措置法に基づく特定認証紛争解決手続が関与するもの等が該当します。

4 ｜ 残余財産がないと見込まれる場合の証明

QUESTION
　上記の残余財産がないと見込まれる場合を説明するためには、具体的にどのような書類によって証明すればよいのでしょうか。

Point　清算中に終了する各事業年度終了の時の実態貸借対照表などによって証明することとされます。

Answer

　「残余財産がないと見込まれる場合」を証明するためには、法人の清算中に終了する各事業年度終了の時の実態貸借対照表（その法人の有する資産及び負債の価額により作成される貸借対照表をいいます。）により証明します。

　この場合において、法人が実態貸借対照表を作成する際の資産の価額は、その事業年度終了の時における処分価格によることとされます（法基通12 − 3 − 9）。

　また、「処分価格」とは、その法人の解散が事業譲渡等を前提としたもので、その法人の資産が継続して他の法人の事業の用に供される

図表3 − 2　実態貸借対照表以外の書類の例示

	残余財産がないと見込まれる場合の手続	添 付 書 類
①	清算型の法的整理手続である破産がなされた場合	破産手続開始決定書の写し
	特別清算の手続開始の決定又は開始の命令がなされた場合（注）	特別清算開始決定書の写し
②	再生型の法的整理手続である民事再生又は会社更生の手続開始の決定後、再生計画又は更生計画の認可決定（以下単に「認可決定」という）を経て事業譲渡が行われ、清算手続が行われる場合	再生計画又は更生計画に従った清算であることを示す書類
	認可決定前に事業譲渡が行われ、清算手続が行われる場合	民事再生又は会社更生の手続開始の決定の写し
③	公的機関の関与が関与して策定された事業再生計画に基づいて清算手続が行われている場合	公的機関の調査結果で会社が債務超過であることを示す書類
	一定の準則に基づき独立し第三者が関与して策定された事業再生計画に基づき清算手続が行われている場合	独立した第三者の調査結果で会社が債務超過であることを示す書類

（注）特別清算の開始の命令が「清算の遂行に著しい支障を来すべき事情があること」のみを原因としてなされた場合を除きます。

見込みであるときには、その資産が使用収益されるものとしてその事業年度終了の時において譲渡される場合に通常付される価額とされます（法基通12－3－9（注））。

　なお、前述した残余財産がないと見込まれる場合の①～③のように裁判所若しくは公的機関が関与する手続又は一定の準則に基づき独立した第三者が関与する手続において、法人が債務超過の状態にあることなどをこれらの機関が確認している場合には、「残余財産がないと見込まれるとき」に該当するものとされます。この場合の「残余財産がないと見込まれることを説明する書類」は、必ずしも実態貸借対照表による必要はなく、これらの手続の中で作成された図表3　2に掲げる書類によることも可能と考えられます。

5 ｜ 実態貸借対照表の作成

QUESTION

　上記の残余財産がないと見込まれることを説明する書類における実態貸借対照表の作成の際には、未払法人税等を負債として計上できるのでしょうか。

Point　　未払法人税等を負債に含めた実態貸借対照表に基づき残余財産がないと見込まれるときの判定を行うこととされます。

Answer

　　法人が事業年度終了の時において債務超過の状態にあるときは、「残余財産がないと見込まれるとき」に該当することとなり、その状態は、法人の清算中に終了する各事業年度終了の時の実態貸借対照表によって判断することとされます。

　実態貸借対照表を作成するに当たっては、事業年度終了の時において有する資産に係る含み損益、退職が見込まれる従業員に将来支給す

る退職金など、その時において税務上損益の実現を認められないものであっても、法人の清算に当たって実現が見込まれる損益を考慮して行うこととされます。

　また、未払法人税等についても清算中の事業年度（適用年度）において法人税の所得金額の計算上、損金の額に算入されませんが、実態貸借対照表の作成時の状況で将来発生が見込まれるものであることから、実態貸借対照表に計上できることとされます。

　そこで、適用年度の未払法人税等を負債に含めた実態貸借対照表に基づき「残余財産がないと見込まれるとき」の判定を行うこととされます。

〔質疑応答集（国税庁ホームページ）を著者一部加筆〕

6 ｜ 設例による検討

設例1　土地を売却→金融機関の借入金返済（1年目）

　次の資料に基づき、内国法人であるC社は債務超過のため令和x1年11月30日に解散登記を行いました。C社の清算事業年度1年目（令和x1年12月1日から令和x2年11月30日）における青色欠損金等の損金算入額、期限切れ欠損金の損金算入額及び清算事業年度の所得金額を計算してください。

(1) C社の解散時における貸借対照表等の内訳は、次のとおりとなっている。

① 土地　　　　10,000,000円（処分価格40,000,000円）
② 長期借入金　60,000,000円（うち金融機関からの借入金10,000,000円、社長からの借入金50,000,000円）
③ 資本金　　　10,000,000円
④ 利益剰余金　△60,000,000円（うち青色欠損金等10,000,000円、期限切れ欠損金50,000,000円）

(2) C社所有の土地を令和 x2 年 10 月 18 日に 40,000,000 円で処分し、同日に金融機関からの借入金 10,000,000 円を返済した。

(3) C社の清算事業年度 1 年目における欠損金控除前の所得の金額は、土地売却益相当額である 30,000,000 円である。

解　答

1　清算事業年度終了の時の実態貸借対照表

（単位：千円）

現金預金　30,000	未払法人税等　6,000
	社長借入金　50,000
利益積立金 (注)　△36,000	資本金　10,000

（注）残余財産があるが、債務超過のため期限切れ欠損金→使用可

2　期限切れ欠損金額

繰越欠損金額の合計額　　青色欠損金額等
60,000,000 円－ 10,00,000 円＝ 50,000,000 円

3　期限切れ欠損金の適用前の所得金額

欠損金控除前の所得金額　　青色欠損金額等
30,000,000 円－ 10,000,000 円＝ 20,000,000 円

4　期限切れ欠損金額の損金算入額

期限切れ欠損金額　　この規定を適用しない所得金額
50,000,000 円　＞　20,000,000 円　∴ 20,000,000 円

5　1 年目の所得金額

欠損金控除前の所得の金額　青色欠損金額の損金算入額　期限切れ欠損金額の損金算入額
30,000,000 円 －（10,000,000 円 ＋ 20,000,000 円）＝ 0

解　説

　残余財産 30,000,000 円はありますが、債務が 56,000,000 円あるので債務超過となり期限切れ欠損金 50,000,000 円のうち青色欠損金等を控除した所得金額 20,000,000 円を限度とした 20,000,000 円が損金算入できます。

　なお、債務超過か否かを判断する場合における実態貸借対照表を作成す

る際には、期限切れ欠損金の適用前の所得金額 20,000,000 円に対する未払法人税等 6,000,000 円（実効税率：30％）を加味することとなります。

設例2　社長借入金の債務免除（2年目）

　上記〔設例1〕において、C社の清算事業年度2年目（令和 x2 年12月1日から令和 x3 年4月26日）における青色欠損金等の損金算入額、期限切れ欠損金の損金算入額及び清算事業年度の所得金額を計算してください。

(1) 令和 x3 年2月4日に社長借入金 50,000,000 円のうち 30,000,000 円を現金預金で返済し、残額は同日に債務免除を受けた。

(2) 上記（1）により、残余財産がないこととなったため令和 x3 年4月26日に清算結了登記を行った。

(3) C社の清算事業年度2年目における欠損金控除前の所得の金額は、債務免除益相当額である 20,000,000 円である。

解　答

1　事業年度終了の時の実態貸借対照表

（単位：千円）

利益積立金(注) △16,000	未払法人税等　6,000
	資本金　10,000

（注）残余財産がなく、債務超過のため期限切れ欠損金→使用可

2　期限切れ欠損金額

繰越欠損金額の合計額　青色欠損金額等
30,000,000 円 － 　0円　 ＝ 30,000,000 円

3　期限切れ欠損金の適用前の所得金額

欠損金控除前の所得金額　青色欠損金額等
20,000,000 円 － 　0円　 ＝ 20,000,000 円

4　期限切れ欠損金額の損金算入額

期限切れ欠損金額　この規定を適用しない所得金額
30,000,000 円　＞　20,000,000 円　∴ 20,000,000 円

5　2年目の所得金額

欠損金控除前の所得の金額　青色欠損金額の損金算入額　期限切れ欠損金額の損金算入額
20,000,000 円 － （　0円　＋　20,000,000 円）＝ 0円

解　説

　残余財産が0円となり、債務が6,000,000円あるので債務超過となり、期限切れ欠損金30,000,000円のうち青色欠損金等を控除した所得金額30,000,000円を限度とした20,000,000円が損金算入できます。

　なお、債務超過か否かを判断する場合における実態貸借対照表を作成する際には、期限切れ欠損金の適用前の所得金額20,000,000円に対する未払法人税等6,000,000円（実効税率：30%）を加味することとなります。

設例3　社長借入金の債務免除（1年目）

　上記〔設例1〕の（2）及び（3）を下記の条件に変更した場合において、C社の清算事業年度1年目（令和x1年12月1日から令和x2年11月30日）における青色欠損金等の損金算入額、期限切れ欠損金の損金算入額及び清算事業年度の所得金額を計算してください。

(1) C社所有土地の売却の目処が立ったため、現金預金で返済不能と見込まれる社長借入金50,000,000円のうち20,000,000円の債務免除を令和x2年2月4日に受けた。

(2) C社の清算事業年度1年目における欠損金控除前の所得の金額は、債務免除益相当額である20,000,000円である。

解　答

1　事業年度終了の時の実態貸借対照表

（単位：千円）

土地（処分価格）40,000	未払法人税等　3,000
	社長借入金　30,000
	金融機関借入金　10,000
利益積立金(注) △13,000	資本金　10,000

　　（注）残余財産があるが、債務超過のため期限切れ欠損金→使用可

2　期限切れ欠損金額

繰越欠損金額の合計額　青色欠損金額等
60,000,000円－10,00,000円＝50,000,000円

3　期限切れ欠損金を適用前の所得金額

欠損金控除前の所得金額　　青色欠損金額等
20,000,000 円－ 10,000,000 円＝ 10,000,000 円

4　期限切れ欠損金額の損金算入額

期限切れ欠損金額　　　この規定を適用しない所得金額
50,000,000 円　＞　 10,000,000 円　　∴ 10,000,000 円

5　１年目の所得金額

欠損金控除前の所得の金額　　青色欠損金額の損金算入額　　期限切れ欠損金額の損金算入額
20,000,000 円　－（10,000,000 円　　＋　　10,000,000 円）＝ 0 円

解説

　残余財産 40,000,000 円と借入金債務 40,000,000 円が同額となりが、未払法人税等を加味した実態貸借対照表を作成すると債務超過となるため期限切れ欠損金額が使用できることとされます。

　なお、債務超過か否かを判断する場合における実態貸借対照表を作成する際には、期限切れ欠損金の適用前の所得金額 10,000,000 円に対する未払法人税等 3,000,000 円（実効税率：30％）を加味することとなります。

設例4　土地を売却→金融機関及び社長借入金の返済（2年目）

　上記〔設例3〕において、C社の清算事業年度2年目（令和 x2 年 12 月 1 日から令和 x3 年 4 月 26 日）における青色欠損金等の損金算入額、期限切れ欠損金の損金算入額及び清算事業年度の所得金額を計算してください。

(1) C社所有の土地を平成 26 年 2 月 4 日に 40,000,000 円で処分し、同日に金融機関からの借入金 10,000,000 円を返済した。

(2) 令和 x3 年 4 月 15 日に社長借入金 30,000,000 円を現金預金で返済した。

(3) 上記（1）及び（2）により、残余財産がないこととなったため令和 x3 年 4 月 26 日に清算結了登記を行った。

(4) C社の清算事業年度2年目における欠損金控除前の所得の金額は、土地売却益相当額である 30,000,000 円である。

解　答

1　事業年度終了の時の実態貸借対照表

（単位：千円）

	未払法人税等　9,000
利益積立金(注) △19,000	資本金　10,000

（注）残余財産がなく、債務超過のため期限切れ欠損金→使用可

2　期限切れ欠損金額

繰越欠損金額の合計額　青色欠損金額等
40,000,000 円　－　0 円　＝ 40,000,000 円

3　期限切れ欠損金を適用前の所得金額

欠損金控除前の所得金額　青色欠損金額等
30,000,000 円　－　0 円　＝ 30,000,000 円

4　期限切れ欠損金額の損金算入額

期限切れ欠損金額　この規定を適用しない所得金額
40,000,000 円　＞　30,000,000 円　∴ 30,000,000 円

5　2年目の所得金額

欠損金控除前の所得の金額　青色欠損金額の損金算入額　期限切れ欠損金額の損金算入額
30,000,000 円　－（　0 円　＋　30,000,000 円）＝ 0 円

解　説

　残余財産が0円となり、債務が9,000,000円あるので債務超過となり、期限切れ欠損金40,000,000円のうち青色欠損金等を控除した所得金額30,000,000円を限度とした30,000,000円が損金算入できます。

　なお、債務超過か否かを判断する場合における実態貸借対照表を作成する際には、期限切れ欠損金の適用前の所得金額30,000,000円に対する未払法人税等9,000,000円（実効税率：30％）を加味することとなります。

7 ｜ 清算が行われる場合の実在性のない資産の取扱い

QUESTION

　破産又は特別清算等の法的整理手続等において、架空資産がある場合における期限切れ欠損金の損金算入の可否について教えて

ください。

Point　架空資産がないものとして実態貸借対照表を作成し、債務超過に該当すれば期限切れ欠損金が損金に算入できます。

Answer
　内国法人が解散した場合において、残余財産がないと見込まれるときは、いわゆる期限切れ欠損金額が損金算入できることとされます（法法59③）。この残余財産がないと見込まれるかどうかの判定は、法人の清算中に終了する各事業年度終了の時の実態貸借対照表が債務超過の状態にあるか否かにより行うこととされます（法基通12－3－7～12－3－9）。

　例えば、破産又は特別清算等の法的整理手続等に従って清算が行われる場合には、管財人等の独立した第三者が財産調査をする中で、貸借対照表に実際には存在しない架空資産（以下「実在性のない資産」といいます。）が把握されることがあります。このような実在性のない資産であることが判明した場合には、その資産がないものとして作成した実態貸借対照表上、債務超過の状態にあるときには、「残余財産がないと見込まれる」ことになり、期限切れ欠損金額を損金の額に算入することができます。

　破産又は特別清算等の法的整理手続等に従って清算が行われる会社では、法人税申告を適切に行っていないなど帳簿書類等が散逸したり、経理担当者が解雇されたりするなど清算開始以前の経理状況が把握できず、継続した申告が困難となるケースが多いと思われます。そこで、法的整理手続等に従って清算を行う場合には、過去の帳簿書類等の調査結果に応じて、実在性のない資産の発生原因に応じた修正経理を行うこととされているため、帳簿書類及び法人税申告書等の保存は重要となります。

8 ｜ 法的整理手続等の適用範囲

Question

清算が行われる場合における実在性のない資産の取扱いが適用できる法的整理手続又は私的整理手続の範囲について教えてください。

Point　裁判所が関与する法的整理手続、公的機関が関与又は一定の準則により独立した第三者が関与する私的整理手続に従って清算が行われる場合に適用できます。

Answer

破産、特別清算、民事再生及び会社更生といった裁判所が関与する法的整理手続、公的機関が関与又は一定の準則により独立した第三者が関与する私的整理手続に従って清算が行われる場合には、清算が行われる場合の実在性のない資産の取扱いが適用できることとなります。

なお、実在性のない資産の取扱いが適用できる法的整理手続又は私的整理手続の範囲は、次に掲げる手続が想定されます。

① 清算型の法的整理手続である破産又は特別清算の手続開始の決定又は開始の命令がなされた場合（特別清算の開始の命令が「清算の遂行に著しい支障を来すべき事情があること」のみを原因としてなされた場合を除きます。）

② 再生型の法的整理手続である民事再生又は会社更生の手続開始の決定後、清算手続が行われる場合

③ 公的機関の関与又は一定の準則に基づき独立した第三者が関与して策定された事業再生計画に基づいて清算手続が行われている場合

（注）例えば、企業再生支援機構、整理回収機構、中小企業再生支援協議会等

の公的機関が関与する手続又は私的整理ガイドライン、産業活力再生特別
措置法に基づく特定認証紛争解決手続が関与するもの等が該当します。

9 ｜ 再生が行われる場合の実在性のない資産の取扱い

Question
民事再生又は会社更生等の手続において、実在性のない資産が
ある場合における期限切れ欠損金の損金算入の可否について教え
てください。

Point　実在性のない資産がないものとして実態貸借対照表を作成
し、債務超過に該当すれば期限切れ欠損金を損金算入できます。

Answer
民事再生及び会社更生の手続に従って会社が存続して再生をす
る場合、公的機関が関与又は一定の準則に基づき独立した第三者が関
与して策定された事業再生計画に従って会社が存続して再生する場合
においても、上述の「**7**　清算が行われる場合の実在性のない資産の
取扱い」の内容と同様に実在性のないことの客観性が担保されている
と認められるときには、これと同様の取扱いとすることが可能となり
ます。

10 ｜ 更正期限内に生じた実在性のない資産の処理方法

Question
破産又は特別清算等の法的整理手続等における期限切れ欠損金
の損金算入措置の適用上、過去の帳簿書類等の調査の結果、実在
性のない資産の発生原因が更正期限（5年）内の事業年度に生じ

たものである場合における実在性のない資産の処理方法について
教えてください。

Point　　適正な処理に修正を行い、更正手続を経て、その原因事実の
生じた事業年度の欠損金とされます。

Answer
　　実在性のない資産の計上根拠（発生原因）が更正期限（5年）
内の事業年度中に生じたものである場合には、「更正に関する特例」
（法法129①）の規定により、法人においてその原因に応じた修正の
経理を行い、かつ、その修正の経理を行った事業年度の確定申告書を
提出した後、税務当局による更正を受けることとなります。

　　また、その発生原因の生じた事業年度の欠損金額（その事業年度が
青色申告の場合は青色欠損金額、青色申告でない場合には期限切れ欠
損金額）とされます。

⑪ | 更正期限を過ぎた実在性のない資産の処理方法

QUESTION
　　破産又は特別清算等の法的整理手続等における期限切れ欠損金
の損金算入措置の適用上、過去の帳簿書類等の調査の結果、実在
性のない資産の発生原因が更正期限（5年）を過ぎた事業年度に
生じたものである場合における実在性のない資産の処理方法につ
いて教えてください。

Point　　適正な処理に修正して、その原因事実の生じた事業年度の欠
損金とされます。

Answer
　　実在性のない資産の計上根拠（発生原因）が更正期限（5年）

を過ぎた事業年度中に生じたものである場合には、その発生原因に応じた修正の経理を行い、その修正の経理を行った事業年度の確定申告書上で、仮に更正期限内であればその修正の経理によりその発生原因の生じた事業年度の損失が増加したであろう金額をその事業年度から繰り越された欠損金額として処理（期首利益積立金額から減算）します。

　また、その発生原因の生じた事業年度の欠損金額（その事業年度が青色申告であるかどうかにかかわらず期限切れ欠損金額）とされます。

　なお、この場合には、更正期限が過ぎているため、税務当局による更正はないこととなります。

12 ｜ 発生原因が不明な実在性のない資産の処理方法

QUESTION

破産又は特別清算等の法的整理手続等における期限切れ欠損金の損金算入措置の適用上、過去の帳簿書類等の調査の結果、実在性のない資産の発生原因が更正期限（5年）を過ぎた事業年度に生じたものである場合における実在性のない資産の処理方法について教えてください。

Point　裁判所又は独立した第三者等が関与する手続を経て実在性のないことが確認された場合、実在性のない資産の帳簿価額を期限切れ欠損金とされます。

Answer　裁判所が関与する破産等の法的整理手続、公的機関が関与又は一定の準則に基づき独立した第三者が関与する私的整理手続を経て、資産につき実在性のないことが確認された場合には、実在性のないことの客観性が担保されていると考えられます。このように客観性が担

保されている場合に限っては、その実在性のない資産がいつの事業年度でどのような原因により発生したものか特定できないとしても、その帳簿価額に相当する金額分だけ過大となっている利益積立金額を適正な金額に修正することが適当と考えられます。

　したがって、このような場合においては、その実在性のない資産に相当する帳簿価額について修正経理を行い、その修正の経理を行った事業年度の確定申告書上で、その実在性のない資産の帳簿価額に相当する金額を過去の事業年度から繰り越されたものとして処理（期首利益積立金額から減算）します。

　また、その実在性のない資産の帳簿価額に相当する金額を期限切れ欠損金額とされます。なお、この場合にも、税務当局による更正はないこととなります。

2 欠損金の繰戻しによる還付

1 欠損金が発生した場合の取扱い

QUESTION

平成 22 年年度の税制改正により、清算所得課税制度が廃止され、平成 22 年 10 月 1 日以後に解散する法人の清算中に終了する事業年度について、各事業年度の所得に対する法人税が課されることとなりました。

この改正前においては、清算中の各事業年度では欠損金の繰戻しによる還付制度の適用はできず、欠損金は切り捨て状態となっていました。しかし、改正後においては、清算中の各事業年度も通常の所得課税方式となったため、欠損金の繰戻しによる還付制度の適用を受けることができることとなったそうですが、欠損金が発生した場合の税務上の取扱いについて教えてください。

Point　欠損金の繰戻しによる還付制度又は欠損金の繰越控除制度のいずれかを選択適用することができます。

Answer
青色申告書である確定申告書を提出する事業年度において生じた欠損金（以下「青色欠損金」といいます。）については、欠損金の繰戻しによる還付制度又は欠損金の繰越控除制度のいずれかを選択適用することができます。

欠損金の繰戻しによる還付制度とは、青色欠損金を欠損金が発生した事業年度（以下「欠損事業年度」といいます。）の開始の日前 1 年

以内に開始した事業年度（以下「還付所得事業年度」といいます。）
の所得金額に繰り戻し、その還付所得事業年度の法人税の全部又は一
部の還付を受ける制度とされます（法法 80 ①）。

　また、欠損金の繰越控除制度とは、青色欠損金を欠損事業年度の翌
事業年度から 10 年以内の所得金額の計算上、損金の額に算入する制
度とされます（法法 57 ①）。

2 ｜ 中小企業者等以外の法人の欠損金の繰戻しに よる還付制度の不適用

Question

欠損金の繰戻しによる還付制度が一部停止されているそうです
が、その内容について教えてください。

Point　　中小企業者等以外の法人は、その適用が停止されています。

Answer

　平成 4 年 4 月 1 日から令和 4 年 3 月 31 日までの間に終了する
各事業年度において生じた青色欠損金については、中小企業者等以外
の法人では、欠損金の繰戻しによる還付制度の適用が停止されていま
す（措法 66 の 12 ①）。

　ただし、清算中に終了する事業年度に該当する場合及び解散等の事
実が生じた一定の事業年度（以下「解散等の場合の特例」といいま
す。）に該当する場合においては、この停止の対象とされていません
（措法 66 の 12 ①、法法 80 ④）。

　そこで、中小企業者等については、通常の各事業年度及び清算中の
各事業年度においても欠損金の繰戻しによる還付制度が適用できます
が、中小企業者以外の法人では、その適用が制限されています。

図表3－3　欠損金の繰戻しによる還付制度（解散等の場合の特例を除く）

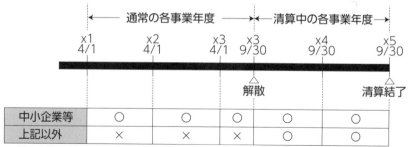

（注）欠損金の繰戻還付適用可：○、欠損金の繰戻還付適用不可：×

3 │ 中小企業者等の範囲

Question

欠損金の繰戻しによる還付制度の適用対象となる中小企業者等の範囲について教えてください。

Point　資本金の額が1億円以下である普通法人等（資本金の額が5億円以上の法人又は相互会社等の完全子法人を除きます。）とされています。

Answer

中小企業者等の範囲は、下記に掲げる法人とされています（措法66の13①一～四、措令39の24）。

① 普通法人のうち、各事業年度終了の時において資本金の額若しくは出資金の額が1億円以下であるもの（注）又は資本若しくは出資を有しないもの（保険業法に規定する相互会社及び外国相互会社を除きます。）

（注）事業年度終了の時において大法人（資本金の額若しくは出資金の額が5億円以上の法人又は相互会社等をいいます。以下同じ）との間にその大法人よる完全支配関係がある普通法人及び複数の完全支配関係がある大法

人に発行済株式の全部を保有されている普通法人を除きます（措法66⑥二
～三）。

② **公益法人等又は協同組合等**

③ **法人税法以外の法律によって公益法人等とみなされているもの**

（例）認可地縁団体、管理組合法人、団地管理組合法人、法人であ
る政党等、防災街区整備事業組合、特定非営利活動法人及びマン
ション建替組合

④ **人格のない社団等**

❹ │ 解散等の場合の特例

Question

青色申告法人である当社（３月決算法人）は、飲食店を営む資
本金２億円の普通法人ですが、令和×年９月30日の臨時株主総
会において解散決議を行い、清算手続を行おうと考えています。

当期及び前期における確定申告は欠損でしたが、前々期におけ
る確定申告は有所得となっていました。

解散等により会社を清算する場合には、特例により欠損金の繰
戻しによる還付制度が特例により使えるそうですが、その内容に
ついて教えてください。

Point　　解散、事業の全部譲渡又は更生手続の開始等の事実が生じた
場合には、解散等の日前１年以内に終了した事業年度又は解散等の日
を含む事業年度において、還付制度が適用できます。

Answer　　内国法人について、次の事実が生じた場合（その事実が連結事
業年度において生じた場合を除きます。）には、その事実が生じた日
前１年以内に終了したいずれかの事業年度又はその事実の生じた日の

属する事業年度において生じた青色欠損金については、欠損金の繰戻しによる還付制度が適用できます（法法80④、法令154の3）。

① 解散（適格合併による解散を除きます。）

② 事業の全部の譲渡

③ 更生手続の開始

④ 事業の全部の相当期間の休止又は重要部分の譲渡で、これらの事実が生じたことにより欠損金の繰越控除制度の適用を受けることが困難となると認められるもの

⑤ 再生手続開始の決定の事実が生じた場合

　ただし、事業税、都道府県民税及び市町村民税には、欠損金の繰戻しによる還付制度がありませんので、欠損金の繰越控除制度の適用を受けることとなります。

図表3−4　欠損金の繰戻しによる還付制度（解散等の場合の特例の場合）

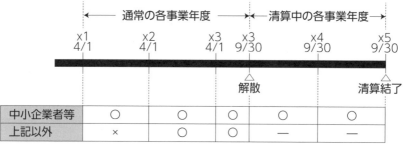

（注）欠損金の繰戻還付適用可：○、欠損金の繰戻還付適用不可：×

5 ｜ 解散等の事由が生じた事業年度

QUESTION

解散等の場合の特例における解散等の事由の範囲について教えてください。

Point　解散及び事業の全部の譲渡等の事実が生じた場合でも、還付

請求をすることができます。

Answer
　欠損金の繰戻還付制度は、内国法人について、次に掲げる解散等の事実が生じた場合において、その事実が生じた日前1年以内に終了したいずれかの事業年度又は同日の属する事業年度において生じた欠損金額があるときは、その事実が生じた日以後1年以内に、納税地の所轄税務署長に対し、欠損事業年度開始の日前1年以内に開始したいずれかの事業年度（還付所得事業年度）の所得に対する法人税の額の一部又は全部に相当する法人税の還付を請求することができます（法法80④、法令154の3）。

① 　解散（適格合併による解散を除きます。）
② 　事業の全部の譲渡
③ 　更生手続の特例等に関する法律の規定による更生手続の開始
④ 　事業の全部の相当期間の休止又は重要部分の譲渡（これらの事由が生じたことにより繰越欠損金の損金算入の適用を受けることが困難となると認められるものに限ります。）

6 ｜ 解散の登記

QUESTION
　臨時株主総会で解散決議を行いましたが、その後、解散の登記を行っていません。
　欠損金の繰越しによる還付の特例の適用の可否について教えてください。

Point　解散の登記を行わなければ、欠損金の繰戻しによる還付の特例は受けられません。

Answer
　　法人が解散した時には、合併及び破産手続の開始など一定の場合を除いて、2週間以内に、その本店の所在地において、解散の登記を行わなければならないとされています（会社法471一～三、641一～四、926）。

　そこで、臨時株主総会における解散決議を行ったとしても登記を行っていないのであれば、その法的効果がありませんので、解散の事実が生じたものとは認められないことから、「欠損金の繰戻しによる還付の特例」（法法80④）の規定は受けられませんので留意する必要があります。

7　手続規定

QUESTION
　　解散等の場合の特例における欠損金の繰戻しによる還付制度の適用を受けるための手続について教えてください。

Point　　欠損金の繰戻しによる還付請求書を納税地の所轄税務署長に提出しなければなりません。

Answer
　　欠損金の繰戻しによる還付請求を受ける場合は、図表3－5に掲げるすべての要件を満たす必要があります。

図表3－5　欠損金の繰戻還付の手続規定

区　　分	適用要件
法　人　税	①　還付所得事業年度から欠損事業年度の前事業年度まで連続して青色申告書である確定申告書を提出していること（法法80③）。 ②　欠損事業年度の確定申告書を青色申告書により提出期限内に提出していること（法法80①）。

	③　欠損事業年度の確定申告書の提出と同時に「欠損金の繰戻しによる還付請求書」を提出していること（法法80⑤）。 ④　解散等の場合の特例により法人税の還付の請求を行う場合には、その事実の生じた日及びその事実の詳細（法規36の４五）
地方法人税	税務署長が法人税を還付する場合に地方法人税も併せて還付することとされているため、特段の手続は不要

（注）法人税申告書別表一（一）の「この申告による還付金額『27』」欄に法人税の還付金額及び「この申告による還付金額『45』」欄に地方法人税の還付金額を外書きすること。

第 4 章

グループ通算制度による
子会社の欠損金額の
取込みと留意点

1 | グループ通算制度の基本的な仕組み

　平成14年度税制改正で導入された連結納税制度は、企業グループの一体的経営を進展させ、競争力を強化する中で有効に活用されてきました。しかし、各法人の税務情報を連結グループ内で集約する税額計算が煩雑であり、税務調査後の修正・更正等に時間がかかり過ぎる、といった指摘もあり、損益通算のメリットがあるにもかかわらず、連結納税制度を選択していない企業グループも多く存在するとの指摘もありました。

　そこで、令和2年度税制改正では、企業の機動的な組織再編を促し、企業グループの一体的で効率的な経営を後押しすることで、企業の国際的な競争力の維持・強化を図るため、連結納税制度が見直され、令和4年4月1日開始事業年度より「グループ通算制度」へ移行することとなりました。

1 | 連結納税制度の見直し

QUESTION

連結納税制度からグループ通算制度への見直しについて、その基本的考え方について教えてください。

Point　企業グループ全体を一つの納税単位とする改正前の連結納税制度に代えて、企業グループ内の親会社及び完全子会社のそれぞれが個別に法人税額の申告・納税を行う「グループ通算制度」へ移行することになりました。

Answer
　企業グループの一体性に着目し、完全支配関係にある企業グループ内における損益通算を可能とする基本的な枠組みは維持しつつ、制度の簡素化により、企業の事務負担の軽減を図ることで、企業グループの事務処理能力の差が制度の選択に与える影響をできる限り小さくし、同様の経営を行っている企業グループ間での課税の中立性・公平性を確保するとの観点から見直しが行われました。

　具体的には、法人格を有する各法人を納税単位として、課税所得金額及び法人税額の計算並びに申告は各法人がそれぞれ行うこととされ、同時に企業グループの一体性に着目し、課税所得金額及び法人税額の計算上、企業グループを一つの法人と同様に捉え、損益通算等の調整を行う仕組み（以下「グループ通算制度」といいます。）とされました。これに伴い、連結納税義務者及び各連結事業年度の連結所得に対する法人税に関する規定（旧法法第1編第2章の2及び第2編第1章の2）が削除されました。

　また、グループ通算制度の適用は、連結納税制度と同様に、納税者の選択によることとされ、損益通算等の適用を受けるための承認（以下「通算承認」といいます。）を受けることが必要とされます（措法64の9①）。

　なお、連結納税制度の廃止及びグループ通算制度への移行に関する改正は、原則として、法人の令和4年4月1日以後に開始する事業年度（連結子法人の連結親法人事業年度が同日前に開始した事業年度（以下「旧事業年度」といいます。）を除きます。）の所得に対する法人税及び同日以後に開始する課税事業年度（旧事業年度を除きます。）の基準法人税額に対する地方法人税から適用されます（令和2年改正法附則14、令和2年6月改正法令等附則2、令和2年6月改正法規等附則2）。

図表4－1　グループ通算制度のイメージ

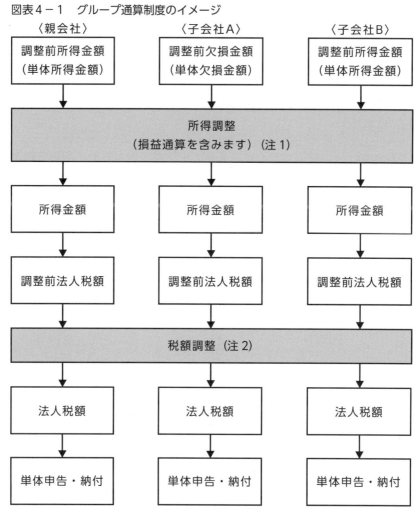

2 | 通算適用法人の範囲

Question

　グループ通算制度は、連結納税制度の事務負担の軽減等の観点から、完全支配関係のあるグループ内において損益通算が可能とされる基本的な枠組みを維持しつつ、親会社及び完全子会社のそれぞれが個別に申告・納税を行う制度だそうですが、その適用対象法人の範囲について教えてください。

Point　親会社とその親会社に発行済株式の全部を直接及び間接に保有されている子会社の全てで、国税庁長官の通算の承認を受けたものとされます。

Answer

　グループ通算制度の適用対象となる法人は、内国法人である親会社とその親会社との間に親法人による完全支配関係にある内国法人である子法人に限られます（法法64の9①）。

　また、「親法人」は、普通法人又は協同組合等のうち、次の①から⑥までの法人及び⑦に類する一定の法人のいずれにも該当しない法人とされ、「子会社」は、その③から⑦までの法人のいずれにも該当しない法人とされます（法法64の9①かっこ書き、法令131の11①）。

　なお、グループ通算制度の適用を受けようとする場合には、親会社及び子会社の全ての法人において国税庁長官の通算承認を受けなければならないこととされています（法法64の9①）。これら通算承認を受けた親会社を「通算親法人」、通算承認を受けた子会社を「通算子法人」、通算親法人及び通算子法人を「通算法人」といいます（法法2十二の六の七、十二の七、十二の七の二）。

① 清算中の法人

② 普通法人（外国法人を除きます。）又は協同組合等との間にその普通法人又は協同組合等による完全支配関係がある法人

③ 通算承認の取りやめの承認を受けた法人でその承認日の属する事業年度終了後5年を経過する日の属する事業年度終了の日を経過していない法人

④ 青色申告の承認の取消通知を受けた法人でその通知後5年を経過する日の属する事業年度終了の日を経過していない法人

⑤ 青色申告の取りやめの届出書を提出した法人でその提出後1年を経過する日の属する事業年度終了の日を経過していない法人

⑥ 投資法人、特定目的会社

⑦ その他一定の法人（普通法人以外の法人、破産手続開始の決定を受けた法人等）

3 │ 完全支配関係の範囲

QUESTION

グループ通算制度における完全支配関係の範囲について教えてください。

Point　一の者が法人の発行済株式等の全部を直接若しくは間接に保有する当事者間の完全支配の関係又は一の者との間に当事者間の完全支配の関係がある法人相互の関係とされます。

Answer
「完全支配関係」とは、一の者が法人の発行済株式若しくは出資（その法人が有する自己の株式又は出資を除きます。以下「発行済株式等」といいます。）の全部を直接若しくは間接に保有する関係として一定で定める関係（以下「当事者間の完全支配の関係」といいます。）又は一の者との間に当事者間の完全支配の関係がある法人相互

の関係をいいます（法法２十二の七の六、法令４の２②）。

　なお、「一定で定める関係」とは、一の者（その者が個人である場合には、その者及びこれと特殊の関係のある個人（法令４①））が法人の発行済株式等（自己株式を除きます。）の全部を保有する場合におけるその一の者とその法人との間の関係（以下「直接完全支配関係」といいます。）となります。この場合において、その一の者及びこれとの間に直接完全支配関係がある一若しくは二以上の法人又はその一の者との間に直接完全支配関係がある一若しくは二以上の法人が他の法人の発行済株式等の全部を保有するときは、その一の者は他の法人の発行済株式等の全部を保有するものとみなされます（法令４の２②）。

図表４－２　完全支配関係の定義

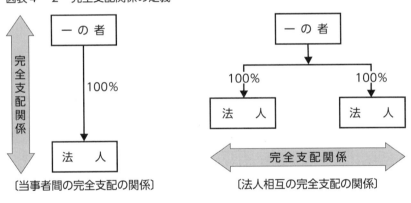

〔当事者間の完全支配の関係〕　　　〔法人相互の完全支配の関係〕

コラム　グループ通算制度の用語の定義①

1　支配関係の定義（新法法２十二の七の五）

　支配関係とは、一の者が法人の発行済株式等の総数等の50％を超える数等の株式等を直接若しくは間接に保有する関係として一定で定める関係（以下「当事者間の支配の関係」といいます。）又は一の者との間に当事者間の支配の関係がある法人相互の関係をいいます（法法２十二の七の五）。

　また、一の者と法人との間にその一の者による完全支配関係があるか
どうかは、その法人の株主名簿、社員名簿又は定款に記載又は記録され
ている株主等により判定しますが、その株主等が単なる名義人であって、
その株主等以外の者が実際の権利者である場合には、その実際の権利者
が保有するものとして判定されます（法基通1－3の2－1）。

2　発行済株式等の全部保有の適用除外

　発行済株式等は、その総数のうちに「従業員持株会所有株式」及び
「ストックオプション行使の所有株式」の合計株数が5％未満である株
主の所有分は除かれます（法令4の2②かっこ書き）。

　そこで、これら従業員持株会所有株式等の所有割合を5％未満に抑え
れば完全支配関係に該当することとなります。そこで、通算子法人に係
る所有割合が5％未満である状態が継続していたものが5％以上となっ
たときには、その通算子法人はその時において通算親法人との間にその
通算親法人による通算完全支配関係を有しないこととなります（法基通
2－27）。

① 従業員持株会所有株式

　法人の使用人が組合員となっている民法に規定する組合契約（民法
667①）による組合（組合員となる者がその使用人に限られているも
のに限ります。）の主たる目的に従って取得されたその法人の株式

（注）民法に規定する組合契約による組合は、いわゆる証券会社方式による
　　従業員持株会は原則としてこれに該当しますが、人格のない社団等に該
　　当する、いわゆる信託銀行方式による従業員持株会はこれに該当しませ
　　ん（法基通1－3の2－3）。

（注）従業員持株会の構成員たる従業員の範囲に規定する「その法人の使用
　　人」には、「使用人兼務役員の範囲」（法法34⑤）に規定する使用人とし
　　ての職務を有する役員は含まれません（法基通1－3の2－4）。

② ストックオプション行使の所有株式

　新株予約権の募集事項の決定（会社法238②）における株主総会
の決議（募集事項の決定の委任（会社法239①）に基づく決議及び
公開会社における募集事項の決定の特則（会社法240①）の規定に
よる取締役会の決議を含みます。）により法人の役員又は使用人に付
与された新株予約権の行使によって取得されたその法人の株式（その

法人の役員又は使用人が有するものに限ります。)

3 特殊の関係のある個人の範囲

特殊の関係のある個人は、次に掲げる者とします（法令4①）。

① 株主等の親族（6親等内の血族、配偶者及び3親等内の姻族）

② 株主等と婚姻の届出をしていないが事実上婚姻関係と同様の事情にある者

③ 株主等（個人である株主等に限ります。④において同じ）の使用人

④ 上記①から③に掲げる者以外の者で株主等から受ける金銭その他の資産によって生計を維持しているもの

⑤ 上記②から④に掲げる者と生計を一にするこれらの親族

4 支配関係及び完全支配関係を有することとなった日

支配関係又は完全支配関係があるかどうかの判定におけるその支配関係又は完全支配関係を有することとなった日とは、例えば、その有することとなった原因が図表4−3に掲げる場合には、それぞれ次に掲げる日となります（法基通1−3の2−2）。

図表4−3 完全支配関係等を有することとなった日

区　分	完全支配関係等を有することとなった日
株式の購入（注）	その株式の引渡しのあった日
新たな法人の設立	その法人の設立後最初の事業年度開始の日
合併（新設合併を除く）	合併の効力が生ずる日
分割（新設分割を除く）	分割の効力が生ずる日
株式交換	株式交換の効力が生ずる日

（注）株式を譲渡した法人における「有価証券の譲渡益の益金算入等」（法法61の2①）に規定する譲渡利益額又は譲渡損失額の計上は、原則として、株式の譲渡に係る契約の成立した日に行うこととされます。

4 ｜ 通算完全支配関係の範囲

QUESTION

グループ通算制度における通算完全支配関係の範囲について教えてください。

Point　通算親法人と通算子法人との間に当事者間の完全支配の関係又は通算親法人との間に法人相互の完全支配関係がある通算子法人の関係とされます。

　なお、通算承認を受けることができる親法人による完全支配関係は、通算除外法人及び外国法人が介在しない一定の完全支配関係に限られます。

Answer
　通算完全支配関係とは、通算親法人と通算子法人との間の完全支配関係（通算除外法人（「**5**　通算除外法人の範囲」参照）及び外国法人が介在しない一定の関係に限ります。）又は通算親法人との間にその完全支配関係がある通算子法人相互の関係とされています（法法2十二の七の七）。

　通算承認を受けることができる親法人による完全支配関係については、通算除外法人及び外国法人が介在しない一定の完全支配関係に限ることとされています。この一定の完全支配関係とは、内国法人が他の内国法人（通算除外法人を除きます。以下同じ）の発行済株式等の全部を保有する場合におけるその内国法人とその他の内国法人との間の関係（以下「直接完全支配関係」といいます。）とされています（法令4の2②、131の11②）。また、この場合において、その内国法人及びこれとの間に直接完全支配関係がある一若しくは二以上の法人又はその内国法人との間に直接完全支配関係がある一若しくは二以

上の法人が他の内国法人の発行済株式等の全部を保有するときは、その内国法人は当該他の内国法人の発行済株式等の全部を保有するものとみなされます。

図表4-4　完全支配関係及び通算完全支配関係がある場合の具体例

〔ケース1〕

内国法人A　100%　→　内国法人B

※　A・Bは、完全支配関係及び通算完全支配関係に該当します。

〔ケース2〕

個人（親族を含みます）C　100%　→　内国法人D

※　C・Dは、完全支配関係に該当しますが、個人は親会社になれないため通算完全支配関係に該当しません。

〔ケース3〕

内国法人E　90%　→　内国法人F

※　子会社Fは、親会社Eの100%保有の子会社にならないためE・Fは完全支配関係及び通算完全支配関係に該当しません。

〔ケース4〕

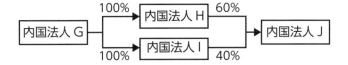

※　子会社H・Iは、親会社Gの100%保有の子会社であり、その孫会社JはH・Iに100%株式を保有されているためG・H・I・Jは完全支配関係及び通算完全支配関係に該当します。

〔ケース5〕

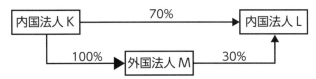

※　子会社Mは、親会社Kの100％保有の子会社であり、その孫会社L
はK・Mに100％株式を保有されているためK・L・Mは完全支配関
係に該当しますが、外国法人Mが介在するため通算完全支配関係に該
当しません。

〔ケース6〕

※　子会社Oは、外国法人ですが100％保有の子会社であるためN・O
は完全支配関係に該当しますが、外国法人Oは通算子法人になれませ
んので通算完全支配関係に該当しません。

〔ケース7〕

外国法人P ──100%──▶ 内国法人Q

※　親会社Pと子会社Qは100％保有の関係にあるため完全支配関係に
該当しますが、外国法人Pは通算親会社になれませんので通算完全支
配関係に該当しません。

〔ケース8〕

※　R・S・Tは100％保有の関係にあるため完全支配関係に該当しま
すが、外国法人Rは通算親法人になれませんので通算完全支配関係に
該当しません。

ただし、内国法人Sを通算親法人、内国法人Tを通算子法人とした
グループ通算制度は適用可能とされます。

〔ケース9〕

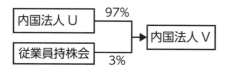

※　従業員持株会の所有割合が5％未満であるため、U・Vは完全支配
関係及び通算完全支配関係に該当します。

〔ケース10〕

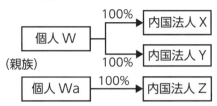

※　個人W及び個人Waは親族のため、W・Wa・X・Y・Zは完全支
　　配関係に該当しますが、個人は親法人になれないため通算完全支配関
　　係に該当しません。

5 │ 通算除外法人の範囲

Question

通算除外法人の範囲について教えてください。

Point　グループ通算制度の一体課税に馴染まない法人が適用除外法
人とされています。

Answer
　　通算除外法人とは、次に掲げる法人とされます（法法 64 の 9
①、64 の 10 ①、法令 131 の 11 ③）。

①　通算制度の取りやめの承認を受けた法人でその承認を受けた日の
　　属する事業年度終了の日の翌日から同日以後５年を経過する日の属
　　する事業年度終了の日までの期間を経過していない法人
②　青色申告の承認の取消しの通知を受けた法人でその通知を受けた
　　日から同日以後５年を経過する日の属する事業年度終了の日までの
　　期間を経過していない法人
③　青色申告の取りやめの届出書を提出した法人でその届出書を提出
　　した日から同日以後１年を経過する日の属する事業年度終了の日ま
　　での期間を経過していない法人

④　投資信託及び特定目的会社

⑤　普通法人以外の法人

⑥　破産手続開始の決定を受けた法人

⑦　通算親法人との間に通算完全支配関係を有しなくなったことにより通算承認の効力を失った通算子法人であった法人（通算親法人が通算承認の効力を失ったこと又はその法人若しくはその法人の発行済株式若しくは出資の全部若しくは一部を有する法人の破産手続開始の決定による解散に基因してその効力を失った法人を除きます。）で、再びその通算親法人との間にその通算親法人による完全支配関係を有することとなったもののうち、その効力を失った日から同日以後5年を経過する日の属する事業年度終了の日までの期間を経過していない法人

⑧　法人課税信託（投資信託及び投資法人に関する法律第2条第3項に規定する投資信託又は資産の流動化に関する法律第2条第13項に規定する特定目的信託に限ります。）に係る法人税法第4条の3に規定する受託法人

6 ｜一般財団法人の取扱い

QUESTION

　グループ通算制度において、一般財団法人は通算親法人又は通算子法人になることが可能か否かについて教えてください。

Point　一般財団法人は、通算親法人になることができますが、通算親法人が設立する一般財団法人は通算子法人になることができません。

Answer
　通算制度において、通算親法人となることができる法人は、普

通法人又は協同組合等とされています。一般財団法人（非営利型法人
に該当するものを除きます。）は、公共法人、公益法人等、協同組合
等及び人格のない社団等に含まれず、普通法人に該当することから
（法法２五〜九の二、別表２）、通算親法人になることができます（法
法64の9①）。

　また、通算制度において、通算子法人となることができる法人は、
通算親法人となる法人又は通算親法人による完全支配関係（通算除外
法人及び外国法人が介在しない一定の関係に限ります。）がある内国
法人（通算除外法人を除きます。）とされています（法法64の9①
⑪．法令131の11③）。

　一般財団法人の設立者は、一般財団法人に対して財産の拠出をした
場合であっても、株式会社等において株主等が有する剰余金配当請求
権、残余財産分配請求権及び株主総会等における議決権に相当する権
利は与えられませんので、一般財団法人は株式を発行する法人又は出
資を受ける法人には該当しません（一般社団法人及び一般財団法人に
関する法律153③二）。

　したがって、一般財団法人に対して財産を拠出していても発行済株
式又は出資を保有していることにはならないため通算親法人が一般財
団法人の財産の全てを拠出したとしても、その一般財団法人との間に
完全支配関係を有することにはならないことから、その一般財団法人
は通算子法人になることができません。

7 ｜ 通算承認の申請書の提出

QUESTION

完全支配関係となるグループ法人の間でグループ通算制度を採
用しようと考えていますが、通算親法人となる法人及び通算子法
人となる法人において申請書を提出しなければならないと聞きま

したが、その提出関係の内容について教えてください。

Point　通算制度の適用を受けようとする最初の事業年度の開始の日の3月前の日までに、親法人となる法人及び通算子法人となる法人の全てが連名で、通算制度の承認の申請書を親会社となる法人の納税地の所轄税務署長を経由して、国税庁長官に提出することとされています。

Answer
　　内国法人（親法人及びその親法人との間にその親法人による完全支配関係がある他の内国法人に限ります。）は、グループ通算制度の承認（以下単に「通算承認」といいます。）を受けようとする場合には、通算親法人となる法人の通算承認の適用を受けようとする最初の事業年度（以下「最初通算事業年度」といいます。）開始の日の3月前の日までに、通算親法人となる法人及び通算子法人となる法人の全ての連名で、その開始の日その他一定の事項を記載した申請書を親法人となる法人の納税地の所轄税務署長を経由して、国税庁長官に提出することとされています（法法64の9②、法規27の16の8①）。

　また、通算承認に係る親法人の事業年度の期間が、次に掲げる場合に該当するときには、それぞれに定める日が通算承認の期限とすることができる特例（以下「設立事業年度等の申請期限の特例」といいます。）が設けられています（法法64の9⑦）。

① 設立年度申請期限

　親法人となる法人のグループ通算制度の適用を受けようとする最初の事業年度が設立事業年度である場合には、親法人となる法人の設立事業年度開始の日から1月を経過する日と設立事業年度終了の日から2月前の日とのいずれか早い日

② 設立翌年度申請期限

親法人（設立事業年度終了の時にグループ通算制度の開始に伴う資産の時価評価損益に規定する時価評価資産その一定で定めるものを有するものを除きます。）のグループ通算制度の適用を受けようとする最初の事業年度が設立事業年度の翌事業年度である場合（設立事業年度が３月に満たない場合に限ります。）には、親法人となる法人の設立事業年度終了の日とその設立事業年度の翌事業年度終了の日から２月前の日とのいずれか早い日

(注) これら親法人となる法人が、設立年度申請期限又は設立翌年度申請期限までに通算承認の適用を受ける旨その他一定で定める事項を記載した書類を親法人となる法人の納税地の所轄税務署長を経由して国税庁長官に提出することとされます（法法64の9⑧）。

8 | 通算制度の承認申請と青色申告の承認申請との関係

QUESTION

設立事業年度等の承認申請の特例を適用し、設立事業年度から通算制度の規定の適用を受けるために、通算制度の承認申請書をその提出期限内に提出しました。

また、通算制度の申請が却下された場合でも設立事業年度から青色申告を行いたいと考え、青色申告の承認申請書もその提出期限内に提出しました。

そこで、通算制度の適用を受けようとする最初の事業年度開始の日の前日までに通算制度の承認の申請が承認又は却下されなかった場合における青色申告の承認申請の取扱いについて教えてください。

Point その通算制度の承認の効力が生じた日において青色申告の承

認があったものとみなされます。

Answer

　内国法人である普通法人等の設立の日の属する事業年度以後の各事業年度の申告書を青色申告とするためには、その設立の日以後3月を経過した日とその事業年度終了の日のいずれか早い日までに、青色申告の承認申請書を提出し、青色申告の承認を受ける必要があります（法法122①②）。

　また、青色申告の承認を受けていない内国法人が通算制度の承認を受けた場合には、その通算制度の承認の効力が生じた日において青色申告の承認があったものとみなされます（法法125②）。

　そこで、設立事業年度から通算制度の適用を受けようとする場合、通算制度の承認申請書を提出した日から2月を経過する日までに通算制度の承認の申請が承認又は却下されなかった場合には、その2月を経過する日において、その通算制度の承認があったものとみなされ（法法64の9⑨）、設立事業年度開始の日以後の期間についてその通算制度の承認の効力が生ずることとなり、その開始の日において、青色申告の承認があったものとみなされます（法法64の9⑩二、125②）。

　また、青色申告の承認申請について、その事業年度終了の日までに承認又は却下されなかったときは、その日において青色申告の承認があったものとみなされます（法法125①）。

9｜通算制度の承認の申請が却下された場合の青色申告の承認申請との関係

Question

　上述の「**8**　通算制度の承認申請と青色申告の承認申請との関係」において、通算制度の承認の申請が却下された場合、青色申

告の承認申請はどのように取り扱われますか。

Point　その青色申告の承認申請について設立事業年度終了の日まで
に承認又は却下されなかったときは、その日において青色申告の承認
があったものとみなされます。

Answer
　　通算制度の承認の申請が却下された場合でも、青色申告の承認
とは関係がありませんので、その青色申告の承認申請について設立事
業年度終了の日までに承認又は却下されなかったときは、その日にお
いて青色申告の承認があったものとみなされます（法法125①）。

連結納税の承認の申請書（初葉）

※ 整理番号	
※連結グループ整理番号	

（親）

税務署受付印

3通提出
（添付書類含む）

令和　　年　　月　　日

税務署長経由

国税庁長官　　殿

連結予定法人（申請法人）	連結親法人となる法人	納税地 〒　　　　　　電話（　　　　）　　　−
		（フリガナ）　法人名
		法人番号
		（フリガナ）　代表者氏名
		事業種目　　　　　　　　　　業
		資本金又は出資金の額　　　　　　円
		主要株主等の状況　付表1（連結親法人となる法人の主要株主等の状況）のとおり
	連結子法人となる法人	申請書（次葉）のとおり（子法人数　法人）

法人税法第4条の2の規定に基づき、連結親法人となる法人の

自 令和　　年　　月　　日
至 令和　　年　　月　　日

事業年度を最初の連結事業年度とし、当該法人を納税義務者として、法人税を納めることの承認を受けたいので、同法第4条の3第1項の規定により申請します。

※　承認を受けようとする事業年度（自）が令和4年4月1日以降の場合には、所得税法等の一部を改正する法律（令和2年法律第8号）附則第15条第1項の規定により、通算承認の申請として取り扱われます。

1　連結親法人となる法人が、法人税法第4条の5第1項の規定により承認の取消しの処分又は同条第3項の取りやめの承認を受けたことがある法人である場合には、当該取消しの処分の日又は当該承認を受けた日
　　　　　　　　　　　　　　　　　　　　　　　　　　　平成・令和　　年　　月　　日

2　上記1の処分の日等における法人名及び納税地(本店又は主たる事務所の所在地を含む。)

　　法人名＿＿＿＿＿＿＿＿＿＿＿＿　　　　　納税地＿＿＿＿＿＿＿＿＿＿＿＿＿＿＿＿＿＿

3　連結親法人となる法人の帳簿組織の状況

帳簿書類の名称			
□ 仕　訳　帳	□ 売掛金元帳	□ 売 上 伝 票	□ 契　約　書
□ 現金出納帳	□ 買掛金元帳	□ 仕 入 伝 票	□ 納　品　書
□ 売　上　帳	□ 棚　卸　表	□ 振 替 伝 票	□ 請　求　書
□ 仕　入　帳	□ 貸借対照表	□ 見　積　書	□ 領　収　書
□ 総勘定元帳	□ 損益計算書	□ 注　文　書	□ （　　　）

帳票形態		記帳時期	

4　設立事業年度等の承認申請特例の適用を受ける旨の記載事項
　　次の規定の適用を受ける場合には、□にレ印を付すとともに、該当する事項を記載してください。
　　□ 法人税法第4条の3第6項(連結親法人となる法人の設立事業年度等が連結申請特例年度である場合の申請期限)の規定の適用を受けたいので、その旨を記載した本書類を提出します。
　　　連結親法人となる法人の設立の日　　　　　　　令和　　年　　月　　日

5　添付書類

1　出資関係図

2　グループ一覧

税理士署名	

※税務署処理欄	部門	決算期	業種番号	番号	入力	備考	通信日付印	年 月 日	確認

（規格A4）

03.06 改正

「連結納税の承認の申請書」の記載要領(1)

　この申請書（初葉及び次葉）は、法人税法第4条の3の規定に基づく連結納税の承認の申請（所得税法等の一部を改正する法律（令和2年法律第8号）（以下「令和2年改正法」といいます。）附則第15条第1項の規定により、令和2年改正法による改正後の法人税法第64条の9第2項の通算承認の申請とみなされるものを含みます。）を行う場合に使用してください。

　なお、連結納税の承認を受けた場合、令和4年4月1日以後最初に開始する事業年度開始の日において令和2年改正法附則第29条第1項の規定により、同日以後の事業年度はグループ通算制度が適用されます。

1　提出期限等
(1)　原則（法人税法第4条の3第1項）

　　この申請書は、連結納税を適用しようとする事業年度開始の日の3月前の日までに、当該連結親法人（通算承認を受けようとする場合には、通算親法人。以下同じです。）となる法人の納税地の所轄税務署長を経由して国税庁長官に3通提出してください。

　　なお、連結親法人となる法人は申請書（初葉）を、当該申請書提出日における連結子法人（通算承認を受けようとする場合には、通算子法人。以下同じです。）となる法人は申請書（次葉）を使用し、これらの法人の全ての連名で提出してください。

　（注）　下記の設立事業年度等の承認申請特例の適用を受ける場合（連結納税を適用しようとする事業年度開始の時より前に申請書を提出する場合を除く。）には、連結納税を適用しようとする事業年度開始の時かつ申請時において連結親法人となる法人による完全支配関係がある全ての連結子法人となる法人を記載してください。この場合、当該事業年度開始の時後、連結子法人となる法人が連結親法人となる法人との間に当該連結親法人となる法人による完全支配関係を有することとなったときには「完全支配関係を有することとなった旨等を記載した書類」を申請書を提出した日以後遅滞なく提出する必要があります。

(2)　設立事業年度等の承認申請特例（法人税法第4条の3第6項）

　　連結納税を適用しようとする事業年度が次の事業年度（連結申請特例年度）に該当するときには、次に掲げる日までに提出することができます。

　　この場合、申請書（初葉）の「4　設立事業年度等の承認申請特例の適用を受ける旨の記載事項」欄に所要の事項を記載してください。

　イ　連結親法人の設立事業年度……設立事業年度開始の日から1月を経過する日と設立事業年度終了の日から2月前の日とのいずれか早い日

　ロ　連結親法人の設立事業年度の翌事業年度……設立事業年度終了の日と翌事業年度終了の日から2月前の日とのいずれか早い日

(3)　通算承認の申請（連結納税の承認の申請に関する経過措置（令和2年改正法附則第15条第1項））

　　令和4年4月1日前にされた上記(1)の申請で、同日までに連結納税の承認（法人税法第4条の2）又は却下（法人税法第4条の3第2項）の処分がされていないものは、通算承認の申請とみなされます。

　(注)　連結親法人となる内国法人の連結申請特例年度が令和 4 年 4 月 1 日前に開始した事業年度である場合におけるその内国法人及び他の内国法人（時価評価法人及び関連法人を除きます。）、他の内国法人の連結親法人との間に完全支配関係を有することとなった日（加入時期の特例の適用を受ける場合には、同日の属する月次決算期間の末日の翌日）が同月 1 日前に開始した連結親法人事業年度の期間内の日である場合における当該他の内国法人並びに他の内国法人（時価評価法人及び関連法人を除きます。）の親法人との間に完全支配関係を有することとなった日（加入時期の特例の適用を受ける場合には、同日の属する月次決算期間の末日の翌日）が同月 1 日前に開始した連結申請特例年度の期間内の日である場合における当該他の内国法人に対する連結納税の承認については、上記(3)にかかわらず、それぞれ従来どおり適用されます（令和 2 年改正法附則第 15 条第 2 項）。

2　添付書類

　申請書の提出に当たっては、次の書類を各 3 通添付してください。
　(1)　出資関係図（連結子法人となる法人に対する持株割合を記載した出資関係図）
　(2)　グループ一覧（連結親法人となる法人及び全ての連結子法人となる法人等を記載した一覧表）
　　(注)　申請書（次葉）の裏面の記載要領の「5　添付書類の作成例」（173 ページ）を参考にしてください。

3　各欄の記載要領

　(1)　連結親法人となる法人の法人名等は、申請書（初葉）に記載し、連結子法人となる法人の法人名等は当該連結子法人となる法人ごとに申請書（次葉）に記載してください。
　(2)　申請書（初葉）の「主要株主等の状況」欄は、必要事項を「付表 1 （連結親法人となる法人の主要株主等の状況）」に記載して申請書（初葉）に添付し、申請書（次葉）の「発行済株式等の状況」欄は、必要事項を「付表 2 （発行済株式等の状況）」に記載して申請書（次葉）に添付してください。
　(3)　「3　連結親法人となる法人の帳簿組織の状況」欄及び「9　連結子法人となる法人の帳簿組織の状況」欄には、備付け・保存している帳簿書類が該当する□にレ印を付してください。
　　　また、仕訳帳、総勘定元帳などの主な帳票について、「帳票形態」欄には「帳簿記帳」、「伝票会計利用」、「コンピュータ利用」のように記載し、「記帳時期」欄には「毎日」、「1 週間ごと」、「10 日ごと」のように記載してください。
　(4)　「5　添付書類」欄は、この申請書に添付した書類の番号を○で囲んでください。
　(5)　「税理士署名」欄は、この申請書を税理士又は税理士法人が作成した場合に、その税理士等が署名してください。
　(6)　「※」欄は、記載しないでください。

4　留意事項

　次の事項に該当する場合には申請が却下されることがありますので留意してください。

(1) 連結予定法人（連結親法人となる法人及び連結子法人となる法人）又は通算予定法人（通算親法人となる法人及び通算子法人となる法人）のいずれかがその申請を行っていないこと。

(2) 申請法人に連結予定法人又は通算予定法人以外の法人が含まれていること。

(3) 連結所得金額若しくは連結欠損金額又は所得金額若しくは欠損金額及び法人税の額の計算が適正に行われ難いと認められること。

(4) 連結事業年度又はグループ通算制度の適用を受けようとする事業年度において、帳簿書類の備付け、記録又は保存が法人税法第4条の4第1項若しくは法人税法第126条第1項又は電子計算機を使用して作成する国税関係帳簿書類の保存方法等の特例に関する法律第4条各項、第5条各項若しくは第10条のいずれかに規定する財務省令で定めるところに従って行われることが見込まれないこと。

(5) 法人税法第4条の5第1項の規定により承認の取消し又は同条第3項の取りやめの承認を受けた日以後5年以内に申請書を提出していること。

(6) 備え付ける帳簿書類に取引の全部又は一部を隠蔽し、又は仮装して記載し、又は記録していることその他不実の記載又は記録があると認められる相当の理由があること（通算承認の申請とみなされる場合のみ）。

(7) 法人税の負担を不当に減少させる結果となると認められること。

連結納税の承認の申請書（次葉）

			※整理番号		子

連結子法人となる法人	納　税　地	〒 電話（　　　）　－	※税務署処理欄	署　　名	
	（フリガナ）			部　　門	
	法　人　名			決　算　期	
	法　人　番　号	｜　｜　｜　｜　｜　｜　｜　｜　｜　｜　｜　｜			
	（フリガナ）			業種番号	
	代表者氏名			入　　力	
	事　業　種　目	業			
	資本金又は 出資金の額	円		備　　考	
	発行済株式 等 の 状 況	付表2（発行済株式等の状況）のとおり			

6　連結子法人となる法人が、法人税法第4条の5第1項又は第2項第5号の規定により承認の取消しの処分又は
　　同条第3項の取りやめの承認を受けたことがある法人である場合には、当該取消しの処分の日又は当該承認を受
　　けた日

　　　　　　　　　　　　　　　　　　　　　　　　　　　平成・令和　　　年　　　月　　　日

7　上記6の処分の日等における法人名及び納税地（本店又は主たる事務所の所在地を含む。）

　　　法人名＿＿＿＿＿＿＿＿＿＿＿＿＿＿＿＿＿＿　納税地＿＿＿＿＿＿＿＿＿＿＿＿＿＿＿＿＿＿＿＿

8　法人税法第4条の3第9項の規定に基づく法人の区分等

　　　申請書（初葉）の「4　設立事業年度等の承認申請特例の適用を受ける旨の記載事項」に記載した場
　　　合で、法人税法第4条の3第9項に規定する時価評価法人又は発行済株式又は出資を直
　　　接又は間接に保有する連結子法人となる法人（以下「関連法人」といいます。）のいずれかに該当する
　　　ときは、該当する□にレ印を付すとともに、連結子法人となる法人に係る連結納税の承認の効力が生じ
　　　る期間（以下「連結子法人適用開始年度」といいます。）を記載してください。

　　　法　人　の　区　分　：　□　時価評価法人　　□　関連法人

　　　連結子法人適用開始年度　：　自　令和　　年　　月　　日　至　令和　　年　　月　　日

9　連結子法人となる法人の帳簿組織の状況

帳名簿書類の称	□　仕　訳　帳 □　現金出納帳 □　売　上　帳 □　仕　入　帳 □　総勘定元帳	□　売掛金元帳 □　買掛金元帳 □　棚　卸　表 □　貸借対照表 □　損益計算書	□　売上伝票 □　仕入伝票 □　振替伝票 □　見　積　書 □　注　文　書	□　契　約　書 □　納　品　書 □　請　求　書 □　領　収　書 □　（　　　　）
帳票形態		記帳時期		

「連結納税の承認の申請書」の記載要領(2)

5　添付書類の作成例

(1)　出資関係図

令和××年×月××日現在

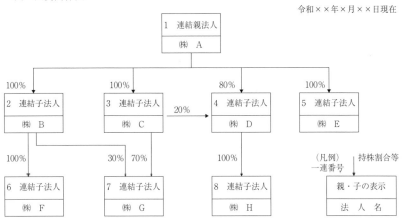

(注) 申請書に記載した全ての法人を記載してください。

(2)　グループ一覧

令和××年×月××日現在

一連番号	所轄税務署名	法人名	納　税　地	代表者氏　名	事業種目	資本金等(千円)	決算期	備考
1	麹　町	㈱　A	千代田区大手町1-3-3	a	鉄鋼	314,158,750	3.31	
2	仙台北	㈱　B	仙台市青葉区本町3-3-1	b	機械修理	34,150,000	6.30	
⋮	⋮	⋮	⋮	⋮	⋮	⋮	⋮	⋮

(注)　1　一連番号は、上記(1)出資関係図の一連番号に合わせて付番してください。
　　　2　持株割合が100%であるが、法人税法第4条の2又は同第4条の3第2項の規定により、申請法人にならないものがある場合には、「一連番号」欄に「対象外」と表示して、法人名等を記載してください。
　　　　　また、対象外となった理由を「備考」欄に、「取消有」等と簡記してください。

6　その他事項

　　平成30年改正前の法人税法施行令第14条の7第4項若しくは法人税法施行令第14条の7第3項又は同令第14条の9第2項の規定により、連結子法人となる法人が、連結親法人又は連結親法人となる法人との間に当該連結親法人又は当該連結親法人となる法人による完全支配関係を有することとなった場合など、連結子法人となる法人に異動が生じた場合には「完全支配関係を有することとなった旨等を記載した書類」又は「連結完全支配関係等を有しなくなった旨を記載した書類」を提出してください。

付表1　（連結親法人となる法人の主要株主等の状況）　　　　　　親

		連結親法人となる 法 人 の 法 人 名	
連 結 親 法 人 と な る 法 人 の 発行済株式の総数又は出資の総額			

連 結 親 法 人 と な る 法 人 の 主 要 株 主 等 の 株 式 数 等			
氏 名 又 は 名 称	住 所 又 は 所 在 地	保 有 株 式 数 又 は 出 資 金 額	発行済株式の総数又は出資 の総額に対する保有株式数 又は出資金額の割合
			%

（規格Ａ4）

18.04 改正

「付表1（連結親法人となる法人の主要株主等の状況)」の記載要領

　この付表1（連結親法人となる法人の主要株主等の状況）は連結親法人（通算承認を受けようとする場合には、通算親法人。以下同じです。）となる法人の法人税法施行規則第8条の3の3第1項第3号に規定する申請時における主要な株主等の氏名等及び保有株式数等の事項を記載する場合に使用してください。

　なお、「連結親法人となる法人の主要株主等の株式数等」欄は、発行済株式の総数又は出資の総額に対する保有株式数又は出資金額の多い上位10株主等に係る氏名等を記載してください。

　（注）　この付表1は、「連結納税の承認の申請書（初葉）」に添付してください。

付表２（発行済株式等の状況）

連結子法人となる法人の法人名		子

連 結 子 法 人 と な る 法 人 の 発 行 済 株 式 の 総 数 又 は 出 資 の 総 額	1	
連 結 子 法 人 と な る 法 人 が 有 す る 自 己 の 株 式 数 又 は 出 資 金 額	2	
(1) － (2)	3	

法人税法施行令第14条の６第２項により読み替えられた第４条の２第２項に規定する株式の状況	従 業 員 持 株 会 が 有 す る 株 式 数	4	
	法人の役員又は使用人が、ストックオプションによって取得した連結子法人となる法人の株式を有する場合の当該株式数	5	
	(4) 及 び (5) の 株 式 数 の 合 計	6	
	発行済株式の総数（自己が有する自己　(6) の株式数を除く）のうちに占める割合　(3)	7	%
(3)－(6)（※　7の割合が5%未満の場合に限る）		8	

連結子法人となる法人の株式又は出資を保有する法人の名称等

法　　人　　名	区　分	保有株式数又は出資金額	発行済株式の総数又は出資の総額に対する保有株式数又は出資金額の割合	出資関係図における一連番号
9	10	11	12 ((11)／(8))	13
			%	

（規格Ａ４）

22.06改正

「付表2（発行済株式等の状況）」の記載要領

1　この付表2（発行済株式等の状況）は、連結子法人（通算承認を受けようとする場合には、通算子法人。以下同じです。）となる法人について次に掲げる区分により発行済株式の総数、自己の株式数、従業員持株会が有する株式数等の事項を記載する場合に使用してください。
　(1)　法人税法施行規則第8条の3の3第1項第4号に規定する連結子法人となる法人の申請時における発行済株式の総数等を記載し、「連結納税の承認の申請書（次葉）」又は「連結納税の承認の申請書を提出した旨の届出書」に添付してください。
　(2)　同条第3項第3号に規定する完全支配関係を有することとなった日における連結子法人となる法人の発行済株式の総数等を記載し、「完全支配関係を有することとなった旨等を記載した書類」に添付してください。

2　各欄の記載要領
　(1)　「4　従業員持株会が有する株式数」欄は、法人税法施行令第14条の6第2項により読み替えられた第4条の2第2項第1号に規定する株式数を記載してください。
　(2)　「5　法人の役員又は使用人が、ストックオプションによって取得した連結子法人となる法人の株式を有する場合の当該株式数」欄は、法人税法施行令第14条の6第2項により読み替えられた第4条の2第2項第2号に規定する株式数を記載してください。
　(3)　「10　区分」欄は、連結子法人となる法人の株式又は出資を保有する法人が連結親法人（通算承認を受けようとする場合には、通算親法人）となる法人又は連結子法人となる法人のいずれに該当するかにより「親法人」又は「子法人」と記載してください。
　(4)　「13　出資関係図における一連番号」欄は、「連結納税の承認の申請書」又は「連結納税の承認の申請書を提出した旨の届出書」の添付書類「出資関係図」に付した一連番号を記載してください。

グループ通算制度へ移行しない旨の届出書

	※ 整理番号	
	※連結グループ整理番号	

税務署受付印				
令和　年　月　日	提出法人（連結親法人）	納 税 地	〒　　　　　電話(　　　)　　−	
		(フリガナ)		
		法 人 名		
		法 人 番 号		
		(フリガナ)		
税務署長殿		代表者氏名		

令和４年４月１日以後最初に開始する事業年度以降、グループ通算制度へ移行しないので、所得税法等の一部を改正する法律（令和２年法律第８号）附則第29条第２項の規定により届け出ます。

※　この届出書の提出によりグループ通算制度へ移行しない連結親法人又は連結子法人で最終の連結事業年度終了の日の翌日から同日以後５年を経過する日の属する事業年度終了の日までの期間を経過していないものは、所得税法等の一部を改正する法律（令和２年法律第８号）（以下「令和２年改正法」といいます。）附則第29条第３項の規定により、令和２年改正法による改正後の法人税法第64条の９第１項第３号に掲げる法人とみなされ、その期間は通算親法人又は通算子法人になることができません。

【その他参考事項】

税 理 士 署 名	

※税務署処理欄	部門	決算期	業種番号	番号	入力	備考	通信日付印	年 月 日	確認

(注意事項)
- (1)　この届出書は、連結法人が令和４年４月１日以後最初に開始する事業年度からグループ通算制度へ移行しない場合に使用してください。
- (2)　提出期限等については以下のとおりです。
  - ◇　提出法人：連結親法人
  - ◇　提出期限：当該連結親法人の令和４年４月１日以後最初に開始する事業年度開始の日の前日
  - ◇　提 出 先：当該連結親法人の納税地の所轄税務署長
  - ◇　提出部数：１通（調査課所管法人については２通）
- (3)　「その他参考事項」欄には参考となる事項を記載してください。
- (4)　「税理士署名」欄には、この届出書を税理士又は税理士法人が作成した場合に、その税理士等が署名してください。
- (5)　「※税務署処理欄」は記載しないでください。

03.06 改正

（規格 A 4）

2 ｜ 損益通算及び欠損金の通算

1 ｜ 所得事業年度の通算対象欠損金額の損金算入

Question

通算法人の損益通算及び欠損金の控除前の所得の金額が生ずる事業年度における通算制度の当初申告における損益通算の計算方法について教えてください。

Point 通算法人の所得事業年度において、他の通算法人に通算前欠損金額が生ずる場合には、その通算法人のその所得事業年度の通算対象欠損金額は、その所得事業年度において損金の額に算入されます。

Answer
　通算法人の損益通算及び欠損金の控除前の所得の金額（以下「通算前所得金額」といいます。）の生ずる事業年度（その通算法人に係る通算親法人の事業年度終了の日に終了するものに限ります。以下「所得事業年度」といいます。）終了の日（以下、本 Answer において「基準日」といいます。）においてその通算法人との間に通算完全支配関係がある他の通算法人の基準日に終了する事業年度において損益通算前の欠損金額（以下「通算前欠損金額」といいます。）が生ずる場合には、その通算法人のその所得事業年度の通算対象欠損金額は、その所得事業年度において損金の額に算入することとされています（法法64の5①）。

　すなわち、通算グループ内の欠損法人の欠損金額の合計額が、所得法人の所得の金額の合計額を限度として、その所得法人の所得の金額

の比で各所得法人に配分され、その配分された通算対象欠損金額が所得法人の損金の額に算入されます。

　この通算対象欠損金額とは、次の算式により計算した金額とされます（法法 64 の 5 ②）。

〔算式〕

通算対象欠損金額＝①×$\dfrac{②}{③}$

　①　他の通算法人の基準日に終了する事業年度において生ずる通算前欠損金額の合計額（その合計額が③の金額を超える場合は③の金額）
　②　通算法人の所得事業年度の通算前所得金額
　③　通算法人の所得事業年度及び他の通算法人の基準日に終了する事業年度の通算前所得金額の合計額

2 ｜ 欠損事業年度の通算対象所得金額の益金算入

Question

通算法人の損益通算及び欠損金の控除前の欠損金額が生ずる事業年度における通算制度の当初申告における損益通算の計算方法について教えてください。

Point　　通算法人の欠損事業年度の終了日において、他の通算法人に通算前所得金額が生ずる場合には、その通算法人のその欠損事業年度の通算対象所得金額は、その欠損事業年度において益金の額に算入されます。

Answer

　　通算法人の通算前欠損金額の生ずる事業年度（その通算法人に係る通算親法人の事業年度終了の日に終了するものに限ります。以下「欠損事業年度」といいます。）終了の日（以下「基準日」といいます。）においてその通算法人との間に通算完全支配関係がある他の通

算法人の基準日に終了する事業年度において通算前所得金額が生ずる場合には、その通算法人のその欠損事業年度の通算対象所得金額は、その欠損事業年度において益金の額に算入することとされています（法法64の5③）。

　すなわち、前述した「**1**　所得事業年度の通算対象欠損金額の損金算入」の所得法人において損金算入された金額の合計額と同額の所得の金額が、欠損法人の欠損金額の比で各欠損法人に配分され、その配分された通算対象所得金額が欠損法人の益金の額に算入されます。

　この通算対象所得金額とは、次の算式により計算した金額とされます（法法64の5④）。

〔算式〕

$$通算対象所得金額＝①×\frac{②}{③}$$

①　他の通算法人の基準日に終了する事業年度において生ずる通算前所得金額の合計額（その合計額が③の金額を超える場合は③の金額）

②　通算法人の欠損事業年度の通算前欠損金額

③　通算法人の欠損事業年度及び他の通算法人の基準日に終了する事業年度において生ずる通算前欠損金額の合計額

■計算例

ケース1　通算前所得金額の合計額　＞　通算前欠損金額の合計額

	親法人A	子法人B	子法人C	子法人D	合　計
通算前所得金額	600	200	△150	△350	300
通算前所得金額の合計額	800			－	800
通算前欠損金額の合計額	－		△500		△500

損　益　通　算	△375 （注1） （損金算入）	△125 （注2） （損金算入）	150 （注3） （益金算入）	350 （注4） （益金算入）	0
損益通算後の 所得金額	225	75	0	0	300

（注1）△500×600/800＝△375
（注2）△500×200/800＝△125
（注3）500※×150/500＝150
（注4）500※×350/500＝350
※　通算前所得金額の合計額（800）が通算前欠損金額の合計額（△500）を超えるため、通算前欠損金額の合計額（△500）が上限とされます（法法64の5④一）。

ケース2　通算前欠損金額の合計額　＞　通算前所得金額の合計額

	親法人A	子法人B	子法人C	子法人D	合　計
通算前所得金額	350	150	△600	△200	△300
通算前所得金額 の合計額	500		－		500
通算前欠損金額 の合計額	－		△800		△800
損　益　通　算	△350 （注1） （損金算入）	△150 （注2） （損金算入）	375 （注3） （益金算入）	125 （注4） （益金算入）	0
損益通算後の 所得金額	0	0	△225	△75	△300

（注1）△500※×350/500＝△350
（注2）△500※×150/500＝△150
※　通算前欠損金額の合計額（△800）が通算前所得金額の合計額（500）を超えるため、通算前所得金額の合計額（500）が上限とされます（法法64の5②一）。
（注3）500×600/800＝375
（注4）500×200/800＝125

3 │ 損益通算の対象とはならない欠損金額等

UESTION
　グループ通算制度の開始又は通算グループに子会社が加入する際に、損益通算の対象となる欠損金額等が制限されているそうですが、その内容について教えてください。

Point　通算法人が、通算制度の承認の効力が生じた日の5年前の日又は通算法人の設立の日のうちいずれか遅い日からその通算制度の承認の効力が生じた日まで継続して通算親法人との間に支配関係がない場合において、他の通算法人との間の共同事業に係る要件を満たさないときにおける一定の欠損金額は、損益通算の対象とされません。

Answer
　通算法人（通算制度の開始・加入時に時価評価の対象とならない法人に限ります。）が、通算制度の承認の効力が生じた日の5年前の日又は通算法人の設立の日のうちいずれか遅い日からその通算制度の承認の効力が生じた日まで継続して通算親法人（その通算法人が通算親法人である場合には、他の通算法人のいずれか）との間に支配関係がない場合において、その通算制度の承認の効力が生じた後にその通算法人と他の通算法人とが共同で事業を行う一定の場合に該当しないときは、その通算法人の図表4−5に掲げる事業年度（①にあっては、「特定資産に係る譲渡等損失額の損金不算入」（法法64の14①）の規定の適用がある事業年度を除きます。）におけるそれぞれの金額は損益通算の対象とはならないこととされています（法法64の6①③、法令112の2④、131の8①②、グループ通達2−22）。

図表４－５　損益通算の対象とならない欠損金額等

区分		対象外の欠損金額等
①	多額の償却費の額が生ずる事業年度	通算法人の適用期間内の日を含むその事業年度において生ずる通算前欠損金額（法法64の6③）
②	上記①以外の事業年度	通算法人のその事業年度において生ずる通算前欠損金額のうちその事業年度の適用期間において生ずる特定資産譲渡等損失額に達するまでの金額（法法64の6①）

コラム　グループ通算制度の用語の定義②

1　通算法人の適用期間

　　通算制度の承認の効力が生じた日から同日以後３年を経過する日とその通算法人がその通算法人に係る通算親法人との間に最後に支配関係を有することとなった日（その通算法人が通算親法人である場合には、他の通算法人のうちその通算法人との間に最後に支配関係を有することとなった日が最も早いものとの間に最後に支配関係を有することとなった日。以下「支配関係発生日」といいます）以後５年を経過する日とのうちいずれか早い日までの期間とされます（法法64の6①）。

2　特定資産譲渡等損失額

　　次の①から②を控除した金額とされます（法法64の6②、法令123の8②～⑦）。

①　通算法人が有する資産（棚卸資産、帳簿価額が少額であるものその他の一定のものを除きます。）で支配関係発生日の属する事業年度開始の日前から有していたもの（これに準ずるものとして一定のものを含みます。以下「特定資産」といいます。）の譲渡、評価換え、貸倒れ、除却その他の事由による損失の額として一定の金額の合計額

②　特定資産の譲渡、評価換えその他の事由による利益の額として一定の金額の合計額

3　多額の償却費の額が生ずる事業年度

　　次の①のうちに②の占める割合が30％を超える事業年度とされます（法令131の8⑥）。

① その事業年度の収益に係る原価の額及びその事業年度の販売費、一般管理費その他の費用として確定した決算において経理した金額の合計額

② 通算法人がその有する減価償却資産につきその事業年度においてその償却費として損金経理をした金額（特別償却準備金として積み立てられた金額を含み、前事業年度から繰り越された償却限度超過額を除きます。）の合計額

4 | 通算制度の開始・加入の際の過年度の欠損金額の切捨て

QUESTION

グループ通算制度の開始又はグループ通算制度への加入前の欠損金が損益通算の計算に取り込まれず切り捨てられることがあるそうですが、その内容について教えてください。

Point 通算法人が、①時価評価除外法人に該当しない場合、又は②時価評価除外法人に該当する場合で支配関係発生日後に新たな事業を開始するなど一定の要件に該当する場合には、その有する過年度の欠損金額のうち、一定の金額が切り捨てられます。

Answer 通算法人が、次のいずれかに該当するときは、図表4－6に掲げる区分に応じてその有する過年度の欠損金額のうち、それぞれに掲げる金額が切り捨てられます（法法57⑥⑧、法令112の2③④）。

① 通算法人が時価評価除外法人（通算制度の開始・加入時に時価評価の対象とならない法人とされます。以下同じ）に該当しない場合（その通算法人が通算子法人である場合には、通算制度の承認の効力が生じた日から同日の属する通算親法人の事業年度終了の日までの間に通算制度の承認の効力を失ったときを除きます。）

② 通算法人で時価評価除外法人に該当する法人が支配関係発生日後に新たな事業を開始するなど一定の要件に該当する場合

図表４－６　通算制度の開始・加入の際の過年度の欠損金額の切捨て

区　　分	切り捨てられる過年度の欠損金額
時価評価除外法人に該当しない場合（時価評価を要する法人の場合）	その通算法人（その通算法人であった内国法人を含みます。）の通算制度の承認の効力が生じた日以後に開始する各事業年度については、同日前に開始した各事業年度において生じた欠損金額はないものとされます。
時価評価除外法人に該当する場合で支配関係発生日後に新たな事業を開始するなど一定の要件（注）に該当する場合（時価評価を要しない法人の場合）	支配関係発生日以後に新たな事業を開始したときは、その承認の効力が生じた日以後に開始する各事業年度については、次のイ及びロの欠損金額はないものとされます。 イ　その通算法人の支配関係事業年度（支配関係発生日の属する事業年度をいいます。以下同じ）前の各事業年度において生じた欠損金額 ロ　その通算法人の支配関係事業年度以後の各事業年度において生じた欠損金額のうち法人税法第64条の14第２項に規定する特定資産譲渡等損失額に相当する金額から成る部分の金額等一定の金額

(注)「一定の要件」とは、通算制度の承認の効力が生じた日の５年前の日又はその通算法人の設立の日のうちいずれか遅い日からその承認の効力が生じた日まで継続して通算親法人（その通算法人が通算親法人である場合には、他の通算法人のいずれか）との間に支配関係がある場合に該当しない場合で、かつ、通算制度の承認の効力が生じた後にその通算法人と他の通算法人とが共同で事業を行う一定の場合に該当しない場合において、その通算法人が通算親法人との間に最後に支配関係を有することとなった日（以下「支配関係発生日」といいます。）以後に新たな事業を開始したときとされます。

5 │ 欠損金の通算の事業年度の統一

QUESTION

グループ通算制度の欠損金の通算を行う場合における適用事業年度について教えてください。

Point 欠損金の繰越しの規定の適用については、親法人10年内事

業年度等の期間をその通算子法人の適用事業年度開始の日前10年以内に開始した各事業年度として計算されます。

Answer
　　通算子法人の「青色申告書を提出した事業年度の欠損金の繰越し」（法法57①）の規定の適用を受ける事業年度（以下「適用事業年度」といいます。）開始の日前10年以内に開始した各事業年度の開始の日又は終了の日のいずれかが親法人10年内事業年度等の開始の日又は終了の日と異なる場合には、親法人10年内事業年度等の期間がその通算子法人の適用事業年度開始の日前10年以内に開始した各事業年度とされます（法法64の7①一）。

　　なお、「親法人10年内事業年度等」とは、適用事業年度終了の日に終了するその通算子法人に係る通算親法人の事業年度開始の日（以下「開始日」といいます。）前10年以内に開始したその通算親法人の各事業年度とされます。ただし、通算親法人が開始日から起算して10年前の日以後に設立された法人である場合には、次に掲げる期間が親法人10年内事業年度等とされます（法令131の9①）。

① 　通算親法人が「適格合併等による欠損金の引継ぎ等」（法令112②）の規定により通算親法人の事業年度とみなされる期間のうち開始日前10年以内に開始した各期間

② 　上記①に掲げる通算親法人の事業年度とみなされる各期間のうち最も古い期間の開始の日が開始日の10年前の日後である場合には、その10年前の日から最も古い期間の開始の日の前日までの期間をその10年前の日以後1年ごとに区分した各期間（最後に1年未満の期間を生じたときは、その1年未満の期間）

③ 　上記①に掲げる通算親法人の事業年度とみなされる期間がない場合には、開始日の10年前の日から通算親法人の設立の日の前日までの期間をその10年前の日以後1年ごとに区分した各期間（最後

に 1 年未満の期間を生じたときは、その 1 年未満の期間）

④　開始日前に開始した通算親法人の各事業年度とする。

6 ｜ 欠損金の配分

QUESTION

グループ通算制度における欠損金の通算を行う場合には、繰越欠損金を特定欠損金と非特定欠損金に配分するそうですが、その内容について教えてください。

Point　10 年内事業年度ごとに、各通算法人の非特定欠損金額の合計額を各通算法人の損金算入限度額の残高の比で配分することとされます。

Answer

通算法人の欠損金の繰越控除の適用を受ける事業年度開始の日前 10 年以内に開始した事業年度において生じた欠損金額は、その通算法人の特定欠損金額と、各通算法人の欠損金額のうち特定欠損金額以外の金額（以下「非特定欠損金額」といいます。）の合計額を各通算法人の特定欠損金の繰越控除後の損金算入限度額の比で配分した金額との合計額とされ、繰越控除はそれぞれ次に掲げる金額が限度とされます（法法 64 の 7 ①二）。

①　各通算法人の損金算入限度額の合計額を各通算法人の特定欠損金額のうち欠損金の繰越控除前の所得の金額に達するまでの金額の比で配分した金額

②　各通算法人の特定欠損金の繰越控除後の損金算入限度額の合計額を各通算法人の配分後の非特定欠損金額の比で配分した金額

コラム	特定欠損金額の定義

特定欠損金額とは、次に掲げる金額とされます（法法 64 の 7 ②）。

① 　通算法人（時価評価除外法人に限ります。）の最初通算事業年度（通算制度の承認の効力が生じた日以後最初に終了する事業年度をいいます。）開始の日前 10 年以内に開始した各事業年度において生じた欠損金額

② 　通算法人を合併法人とする適格合併（被合併法人がその通算法人との間に通算完全支配関係がない法人であるものに限ります。）が行われたこと又は通算法人との間に完全支配関係がある他の内国法人でその通算法人が発行済株式若しくは出資の全部若しくは一部を有するもの（その通算法人との間に通算完全支配関係がないものに限ります。）の残余財産が確定したことに基因して法人税法第 57 条第 2 項の規定によりこれらの通算法人の欠損金額とみなされた金額

③ 　通算法人に該当する事業年度において生じた欠損金額のうち法人税法第 64 条の 6 の規定により損益通算の対象外とされたもの

7 ｜損金算入限度超過額

Question

上述の「**6**　欠損金の配分」における通算法人の 10 年内事業年度において生じた欠損金とされた金額のうち損金の額に算入されない金額（いわゆる損金算入限度超過額）の算定方法について教えてください。

Point　発生事業年度の古いものから順に特定欠損金額を所得の金額の範囲内で控除され、次に非特定欠損金額の配分額を損金算入限度額の範囲内で控除することとされます。

Answer

通算法人の 10 年内事業年度において生じた欠損金とされた金

額のうち損金の額に算入されない金額は、次に掲げる金額の合計額とされます（法法64の7①三）。

　なお、特定欠損金額の損金算入の順序及び損金算入額の上限は、発生事業年度の古いものから順に特定欠損金額を所得の金額の範囲内で控除され、次に非特定欠損金額の配分額を損金算入限度額の範囲内で控除することとされます。また、控除額が各通算法人の損金算入限度額の合計額に達することとなる場合には、各通算法人の特定欠損金額又は非特定欠損金額の配分額を比例的に控除することとされます（グループ通算通達2－25）。

①　その10年内事業年度に係るその通算法人の対応事業年度において生じた特定欠損金額が、特定損金算入限度額を超える部分の金額

②　その通算法人のその10年内事業年度において生じた欠損金とされた金額（その10年内事業年度に係るその通算法人の対応事業年度において生じた特定欠損金額を除きます。）が、非特定損金算入限度額を超える場合におけるその超える部分の金額

3 | 資産の時価評価等

1 | 通算制度の開始に伴う時価評価を要しない法人

Ｑ UESTION

グループ通算制度を開始に当たり、時価評価資産を有していても時価評価を要しないこととされる法人（以下「時価評価除外法人」という。）があるそうですが、その内容について教えてください。

Ｐ oint

グループ通算制度の開始に伴う時価評価除外法人とは、①いずれかの通算子法人との間に完全支配関係の継続が見込まれている通算親法人、②通算親法人との間に完全支配関係の継続が見込まれている通算子法人とされます。

Ａ nswer

グループ通算制度の承認を受ける内国法人が、通算制度の開始直前の事業年度終了の時に有する時価評価資産の評価益の額又は評価損の額は、その開始直前の事業年度において、益金の額又は損金の額に算入することとされます。この場合において、図表4－7に掲げる法人は、時価評価資産の時価評価を要しないこととされています（法法64の11①、法令131の15③④）。

図表4－7 通算制度の開始に伴う時価評価除外法人

区　分	時価評価除外法人の範囲
いずれかの通算子法人との間に完全	通算制度の承認の効力が生じた後に通算子法人となる法人（通算制度の承認の効力が生ずる日以後最初に終了す

支配関係の継続が見込まれている通算親法人	る事業年度開始の時にその通算親法人となる法人との間にその通算親法人となる法人による完全支配関係（注１）があるものに限ります。）のいずれかとの間に完全支配関係が継続することが見込まれている場合におけるその通算親法人となる法人
通算親法人との間に完全支配関係の継続が見込まれている通算子法人	通算制度の承認の効力が生じた後に通算親法人となる法人との間にその通算親法人となる法人による完全支配関係（注１）が継続すること（通算制度の承認の効力が生じた後にその通算子法人となる法人を被合併法人とする適格合併（注２）を行うことが見込まれている場合には、その通算制度の承認の効力が生じた時からその適格合併の直前の時までその通算親法人となる法人による完全支配関係が継続すること。）が見込まれている場合におけるその通算子法人となる法人

（注１）通算除外法人（「１　グループ通算制度の基本的な仕組み」の「５　通算除外法人の範囲」に掲げた①から⑧までに掲げる法人をいいます。）及び外国法人が介在しない一定の関係に限ります。

（注２）その通算親法人となる法人又はその通算親法人となる法人による完全支配関係が継続することが見込まれている法人を合併法人とするものに限ります。

2 通算制度への加入に伴う時価評価を要しない法人

QUESTION

グループ通算制度に加入する場合における時価評価資産除外法人の範囲について教えてください。

Point　通算制度への加入に伴う時価評価資産除外法人とは、次の法人をいいます。

① 通算法人が通算親法人による完全支配関係がある法人を設立した場合におけるその法人

② 適格株式交換等により加入した株式交換等完全子法人

③　加入直前に支配関係がある法人で一定の要件の全てに該当する法人

④　通算親法人又は他の通算法人と共同で事業を行う場合に該当する法人

Answer
　　グループ通算制度の承認を受ける内国法人が、通算制度への加入直前の事業年度終了の時に有する時価評価資産の評価益の額又は評価損の額は、その加入直前の事業年度において、益金の額又は損金の額に算入することとされます。この場合において、図表4-8に掲げる法人は、時価評価資産の時価評価を要しないこととされています（法法64の12①、法令131の16③④）。

図表4-8　通算制度の加入に伴う時価評価除外法人

区　　分	時価評価除外法人の範囲
通算法人が通算親法人による完全支配関係がある法人を設立した場合におけるその法人	通算法人がその通算法人に係る通算親法人による完全支配関係（注1）がある法人を設立した場合におけるその法人
適格株式交換等により加入した株式交換等完全子法人	通算法人を株式交換等完全親法人とする適格株式交換等に係る株式交換等完全子法人
加入直前に支配関係がある法人で一定の要件の全てに該当する法人	通算親法人が法人との間にその通算親法人による完全支配関係を有することとなった場合で、かつ、次の①及び②の要件の全てに該当する場合におけるその法人 ①　その法人の完全支配関係を有することとなる時の直前の従業者のうち、その総数のおおむね80%以上に相当する数の者がその法人の業務に引き続き従事することが見込まれていること ②　その法人の完全支配関係を有することとなる前に行う主要な事業がその法人において引き続き行われることが見込まれていること。

通算親法人又は他の通算法人と共同で事業を行う場合に該当する法人	通算親法人が法人との間にその通算親法人による完全支配関係を有することとなった場合で、かつ、その通算親法人又は他の通算法人とその法人とが共同で事業を行う場合として次の①から④までの要件の全てに該当する場合におけるその法人 ①　その法人又はその法人との間に完全支配関係がある他の法人のその通算親法人による完全支配関係を有することとなる日（以下「完全支配関係発生日」といいます。）前に行う事業のうちのいずれかの主要な事業（以下「子法人事業」といいます。）とその通算親法人又はその通算親法人との間に通算完全支配関係がある他の通算法人の完全支配関係発生日前に行う事業のうちいずれかの事業（以下「親法人事業」といいます。）とが相互に関連するものであること ②　子法人事業と親法人事業（その子法人事業と関連する事業に限ります。）のそれぞれの売上金額、その子法人事業と親法人事業のそれぞれの従業者の数若しくはこれらに準ずるものの規模の割合がおおむね５倍を超えないこと又は完全支配関係発生日の前日の子法人事業を行う法人の特定役員（注２）の全てがその通算親法人による完全支配関係を有することとなったことに伴って退任するものでないこと ③　その法人が通算親法人との間にその通算親法人による完全支配関係を有することとなる時の直前のその法人の従業者のうち、その総数のおおむね80％以上に相当する数の者がその法人の業務に引き続き従事することが見込まれていること ④　その法人の完全支配関係発生日前に行う主要な事業（その主要な事業が上記①の子法人事業でない場合には、その子法人事業を含みます。）がその法人（その法人との間に完全支配関係がある他の法人でその完全支配関係が継続することが見込まれるものを含みます。）において引き続き行われることが見込まれていること

（注１）通算除外法人（「１　グループ通算制度の基本的な仕組み」の「**5**　通算除外法人の範囲」に掲げた①から⑧までに掲げる法人をいいます。）及び外国法人が介在しない一定の関係に限ります。

（注２）特定役員とは、社長、副社長、代表取締役、代表執行役、専務取締役若しくは常務取締役又はこれらに準ずる者で法人の経営に従事している者とされます。

❸ | 通算制度からの離脱等に伴う時価評価を要する法人

Q グループ通算制度から離脱等する場合における時価評価資産につき時価評価が必要となるケースがあるそうですが、その内容について教えてください。

Point ①離脱等の前に行う主要な事業が離脱等後において引き続き行われることが見込まれていないこと、又は②通算法人の株式を有する他の通算法人においてその通算法人の離脱等の後にその株式の譲渡等による損失の計上が見込まれていることが該当します。

Answer
通算制度の承認の効力を失う通算法人（その通算法人が通算子法人である場合には、初年度離脱通算子法人等を除きます。以下同じ）が、「1　グループ通算制度の基本的な仕組み」の「❷　通算適用法人の範囲」に掲げた①から⑦に掲げる要件のいずれかに該当する場合には、その通算法人の通算終了直前事業年度（その効力を失う日の前日の属する事業年度をいいます。以下同じ）終了の時に有する時価評価資産の評価益の額又は評価損の額は、その通算終了直前事業年度において益金の額又は損金の額に算入することとされます（法法64の13①、法令131の17①③⑤～⑦）。

なお、「初年度離脱通算子法人」とは、通算子法人で通算親法人との間に通算完全支配関係を有することとなった日の属するその通算親法人の事業年度終了の日までにその通算完全支配関係を有しなくなる法人のうち、その通算完全支配関係を有することとなった日以後２月以内にその通算グループ内の通算法人による株式の売却等の一定の事

実が生ずることによりその通算完全支配関係を有しなくなる法人（その通算グループ内の合併又は残余財産の確定によりその通算完全支配関係を有しなくなる法人を除きます。）とされます（法令24の3）。

図表4－9　離脱等に伴い時価評価を行う場合

	適用要件	時価評価資産の範囲
①	その通算法人のその通算終了直前事業年度終了の時前に行う主要な事業その通算法人であった内国法人（注1）において引き続き行われることが見込まれていないこと（注2）	固定資産、棚卸資産たる土地（土地の上に存する権利を含みます。）、有価証券、金が銭債権及び繰延資産（これらの資産のうち、資産の帳簿価額が1,000万円に満たない場合のその資産、その通算法人が有する他の通算法人（通算親法人を除きます。）の株式又は出資などの一定の資産を除きます。）
②	その通算法人の株式又は出資を有する他の通算法人において通算終了直前事業年度終了の時後にその株式又は出資の譲渡又は評価換えによる損失の額として損金の額に算入される一定の金額が生ずることが見込まれていること（上記①に該当する場合を除きます。）	その通算法人がその通算終了直前事業年度終了のに有する上記①に定める資産（通算終了直前事業年度終了の時における帳簿価額が10億円を超えるものに限ります。）のうちその時後に譲渡、評価換、貸倒れ、除却その他これらに類する事由などが生ずること（注3）が見込まれているもの

（注1）その内国法人との間に完全支配関係がある法人並びに適格合併等によりその主要な事業がその適格合併等に係る合併法人等に移転することが見込まれている場合におけるその合併法人等及びその合併法人等との間に完全支配関係がある法人が含まれます。

（注2）その通算法人の通算終了直前事業年度終了の時に有する資産の評価益の額の合計額が評価損の額の合計額以上である場合が除かれます（法令131の17②）。

（注3）その事由が生ずることにより損金の額に算入される金額がない場合又はその事由が生ずることにより損金の額に算入される金額がその事由が生ずることにより益金の額に算入される金額以下である場合が除かれます。

4 事業年度

1 通算親法人と通算子法人の決算期が異なる場合

Question

グループ通算制度における通算親法人と通算子法人の決算期が異なる場合の事業年度の特例について教えてください。

Point 通算子法人の税務上のみなし事業年度は、通算親法人の事業年度に合わせることとされます。

Answer

法人税法における事業年度は、原則として、法人の会計期間で、法令で定めるもの又は法人の定款等に定めるものとされています（法法13①）。

グループ通算制度では、通算親法人の会計期間を税務上のみなし事業年度として損益通算（通算対象欠損金の取込み）の計算を行います（法法14②）。通算子法人については、その通算親法人の事業年度開始の時に通算親法人との間に通算完全支配関係があるもののみなし事業年度はその開始の日に開始するものとされ、その通算親法人の事業年度終了の時にその通算親法人との間に通算完全支配関係があるもののみなし事業年度はその終了の日に終了するものとされます。つまり、通算子法人の税務上のみなし事業年度は、通算親法人の事業年度の開始の日又は終了の日に合わせることとされます（法法13③、地法72の13⑦）。

そこで、通算子会社において従前からの会計上の事業年度と税務上

のみなし事業年度が異なり、事務処理が煩雑となる可能性があるため、事前に定款変更により通算子会社の事業年度を通算親会社と一致させておく必要があるでしょう。

図表4-10　通算完全支配関係があるもののみなし事業年度

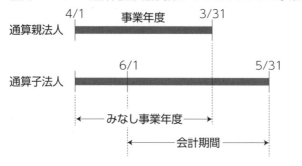

2 | 通算制度に加入する場合の事業年度の特例

Question
グループ通算制度における通算グループに加入した場合のみなし事業年度について教えてください。

Point　通算親法人との間に完全支配関係を有することとなった日（以下「加入日」といいます。）の前日の属する事業年度開始の日からその加入日の前日までの期間が事業年度とみなされます。

また、その加入日から事業年度終了の日までの期間が事業年度とみなされます。

Answer
内国法人が通算親法人との間にその通算親法人による完全支配関係を有することとなった場合には、その内国法人の事業年度は、その加入日の前日に終了することとされます（法法14④一）。

また、通算子法人で通算親法人の事業年度終了の時にその通算親法

人との間に通算完全支配関係がある法人の事業年度は、その終了の日に終了することとされます（法法14③）。

　なお、内国法人（通算除外法人を除きます。）が通算親法人との間にその通算親法人による完全支配関係（通算除外法人及び外国法人が介在しない一定の関係に限ります。）を有することとなった場合には、原則として、その完全支配関係を有することとなった日において通算制度の承認があったものとみなされ、その通算制度の承認は、その加入日から、その効力を生ずるものとされています（法法64の9⑪）。通算親法人は、通算子法人となる法人がその通算親法人による完全支配関係を有することとなった日以後遅滞なく、その完全支配関係を有することとなった日等を記載した書類を納税地の所轄税務署長に提出しなければなりません（法令131の12③）。

❸ 通算制度から離脱する場合の事業年度の特例

Question
　グループ通算制度における通算グループから離脱する場合のみなし事業年度について教えてください

Point　通算親法人の事業年度開始の日から通算親法人との間にその通算完全支配関係を有しなくなった日（以下「離脱日」といいます。）の前日までの期間が事業年度とみなされます。また、離脱日から離脱した法人の事業年度終了の日までの期間が事業年度とみなされます。

Answer
　通算親法人が通算子法人の株式を通算グループ外の第三者に譲渡したことなどにより、通算子法人が通算親法人との間にその通算親法人による通算完全支配関係を有しなくなった場合には、その離脱日の前日に終了することとされています（法法14④二）。

　また、離脱日から離脱した法人の事業年度終了の日までの期間が事業年度とみなされます。

　なお、通算子法人が通算親法人との間にその通算親法人による通算完全支配関係を有しなくなった場合には、通算制度の承認は、その通算完全支配関係を有しなくなった日から、その効力を失うこととされています（法法64の10⑥六）。そこで、離脱日の前日までの期間については、損益通算の規定等の適用はできませんが、通算法人として申告することとなります。また、離脱日から離脱した法人の事業年度終了の日までの期間については、通算制度の規定を適用しないで申告を行うこととされます。

5 | 税額の計算

1 | 通算法人の税率

Question

　通算法人に適用される法人税の税率について教えてください。

Point　　通算法人の法人税率は、通算法人ごとにそれぞれの税率が適用されます。

Answer

　　通算法人の各事業年度の所得の金額に対する法人税の税率は、各通算法人の区分に応じた適用税率が適用されます。

　具体的に適用される税率は、普通法人である通算法人は23.2％、協同組合等である通算法人は19％の税率が適用されます（法法66①③)。

　なお、通算法人ごとに税率を適用することから、通算親法人が協同組合等である場合の法人税率も、連結納税制度と異なり、通算制度を適用しない場合と同じ税率とされていますので、留意してください。

2 | 中小通算法人の軽減税率

Question

　中小通算法人に適用される法人税の税率について教えてください。

Point　　通算法人の全てが中小通算法人に該当する場合には、軽減税

率が適用されます。また、中小法人の軽減税率の適用対象となる所得の金額は、年800万円を各通算法人の所得の金額の比で配分することとされます。

Answer

　中小通算法人の所得の金額のうち軽減対象所得金額以下の金額に対する法人税の税率は19％（令和5年3月31日までは、適用除外事業者以外は15％）とされます（法法66⑥、措法42の3の2①）。

　なお、軽減対象所得金額とは、次の算式により計算した金額（その中小通算法人が通算子法人である場合において、その事業年度終了の日が通算親法人の事業年度終了の日でないときは800万円を月数按分した金額）とされます（法法66⑦）。すなわち、通算親法人の事業年度の中途で離脱した通算子法人のその離脱日の前日に終了する事業年度は、軽減対象所得金額が「800万円の月数按分額」となり、他の通算法人との間で配分することにはなりません。

　また、通算親法人の事業年度が1年に満たない場合におけるその通算親法人及び他の通算法人に対する次の算式の適用については、次の算式中「800万円」とあるのは「800万円を12で除し、その中小通算法人に係る通算親法人の事業年度の月数を乗じて計算した金額」とされます（法法66⑪）。すなわち、通算親法人の事業年度が1年に満たない場合に、その通算グループ内の全ての中小通算法人の軽減対象所得金額が「800万円の月数按分額」を各中小通算法人の所得金額の比で按分した金額とされます。

　前述した月数は、暦に従って計算し、1月に満たない端数を生じたときは、これを1月とされます（法法66⑫）。

〔算式〕

$$軽減対象所得金額＝800万円×\frac{①}{②}$$

①　その中小通算法人の各事業年度の所得の金額

②　その中小通算法人の各事業年度の所得の金額及び各事業年度終了の日においてその中小通算法人との間に通算完全支配関係がある他の中小通算法人の同日に終了する事業年度の所得の金額の合計額

3 | 中小通算法人の定義

QUESTION

中小通算法人に適用される法人税の税率における中小通算法人の定義について教えてください。

Point　大通算法人以外の普通法人である通算法人とされます。

Answer

「中小通算法人」とは、大通算法人以外の普通法人である通算法人とされます（法法66⑥）。

また、「大通算法人」とは、通算法人である普通法人又はその普通法人の各事業年度終了の日においてその普通法人との間に通算完全支配関係がある他の通算法人のうち、いずれかの法人が次に掲げる法人に該当する場合におけるその普通法人とされます（法法66⑥かっこ書き）。

①　各事業年度終了の時における資本金の額又は出資金の額が1億円を超える法人

②　各事業年度終了の時において次に掲げる法人に該当する法人

イ　保険業法に規定する相互会社等

ロ　大法人（注）との間にその大法人による完全支配関係がある法人

ハ　複数の完全支配関係がある大法人に発行済株式の全部を保有されている普通法人（上記ロに掲げる法人を除きます。）

ニ　受託法人

(注)「大法人」とは、次に掲げる法人をいいます。

　　(イ)　資本金の額若しくは出資金の額が5億円以上の法人

　　(ロ)　相互会社(外国相互会社を含みます。)

　　(ハ)　受託法人

■計算例～通算法人の全てが中小通算法人の場合

ケース1　中小通算法人の所得金額の合計額が800万円以下の場合

　下表における各通算法人の軽減対象所得金額及び法人税額を計算してください。

(単位:円)

	親法人A (中小通算法人)	子法人B (中小通算法人)	子法人C (中小通算法人)	合　計
所得金額	3,000,000	500,000	1,500,000	5,000,000
軽減対象 所得金額	4,800,000 (注1)	800,000 (注2)	2,400,000 (注3)	8,000,000
法人税額	450,000 (注4)	75,000 (注5)	225,000 (注6)	750,000

(注1)　8,000,000×3,000,000/5,000,000=4,800,000

(注2)　8,000,000×500,000/5,000,000=800,000

(注3)　8,000,000×1,500,000/5,000,000=2,400,000

(注4)　3,000,000※×15%=450,000

(注5)　500,000※×15%=75,000

(注6)　1,500,000※×15%=225,000

※　中小通算法人の所得金額の合計額が800万円以下のため、中小通算法人の各事業年度の所得の金額に軽減税率を乗じます。

ケース2　中小通算法人の所得金額の合計額が800万円超の場合

　下表における各通算法人の軽減対象所得金額及び法人税額を計算してください。

（単位：円）

	親法人A (中小通算法人)	子法人B (中小通算法人)	子法人C (中小通算法人)	合　　計
所得金額	5,000,000	1,500,000	3,500,000	10,000,000
軽減対象 所得金額	4,000,000 （注1）	1,200,000 （注2）	2,800,000 （注3）	8,000,00
法人税額	832,000 （注4）	249,600 （注5）	582,400 （注6）	1,664,000

（注1）　8,000,000×5,000,000/10,000,000＝4,000,000
（注2）　8,000,000×1,500,000/10,000,000＝1,200,000
（注3）　8,000,000×3,500,000/10,000,000＝2,800,000
（注4）　4,000,000※×15％＋(5,000,000－4,000,000)×23.2％＝832,000
（注5）　1,200,000※×15％＋(1,500,000－1,200,000)×23.2％＝249,600
（注6）　2,800,000※×15％＋(3,500,000－2,800,000)×23.2％＝582,400
※　中小通算法人の所得金額の合計額が800万円超のため、中小法人の軽減税率
　の適用対象となる所得の金額は、年800万円を各通算法人の所得の金額の比で
　配分することとされます。

4 | 軽減対象所得金額の修更正申告の影響の遮断

QUESTION

連結納税制度では、連結グループ内の一法人が所得金額の計算
を誤った場合には、連結グループ内の全法人について再度調整計
算を行う必要があるため、納税者及び課税庁の過重な事務負担が
問題視されていました。

グループ通算制度では、後発的に修正申告書の提出又は更正が
される場合の納税者の事務負担を軽減する観点から、軽減対象所
得金額の計算の簡素化が図られたそうですが、その内容について
教えてください。

Point　中小通算法人の軽減対象所得金額を適用する場合において、修正申告書の提出又は更生がされたことにより通算グループ内の通算法人の当初申告所得金額と異なることとなったときは、当初申告所得金額を所得の金額とみなして軽減対象所得金額を計算することとされ、修更正申告による影響が遮断されます。

Answer
　「中小通算法人の軽減対象所得金額及び軽減税率」（法法68⑥⑦）の規定を適用する場合において、上述した「**2**　中小通算法人の軽減税率」に掲げる〔算式〕における「所得の金額」が中小通算法人の事業年度又は他の中小通算法人の事業年度（以下「通算事業年度」といいます。）の期限内申告書にその通算事業年度の所得の金額として記載された金額（以下「当初申告所得金額」といいます。）と異なるときは、当初申告所得金額を同〔算式〕における「所得の金額」とみなすこととされています（法法66⑧）。すなわち、中小通算法人（自己及び他の通算法人）の期限内申告における所得の金額の計算に誤りがあった場合においても、軽減対象所得金額は変わらないこととされます。

　つまり、修正申告又は更生により通算グループ内の通算法人の所得の金額が増減したとしても、軽減対象所得金額は変動せず、修更正申告による影響が遮断されます。

　なお、転記ミスの場合には、転記先の法人は修正申告又は更正の対象とされます。

■計算例〜通算法人の全てが中小通算法人で修更正がある場合

ケース3　修正後の所得金額の合計額が800万円超の場合

　前述した《ケース1》において、子会社Bの所得金額に4,000,000

円の修正が生じた場合の各通算法人の軽減対象所得金額及び法人税額を計算してください。

（単位：円）

	親法人A （中小通算法人）	子法人B （中小通算法人）	子法人C （中小通算法人）	合　計
所得金額	3,000,000	500,000	1,500,000	5,000,000
修正申告	－	4,000,000	－	4,000,000
軽減対象 所得金額	4,800,000 （注1）	800,000 （注2）	2,400,000 （注3）	8,000,000
法人税額	450,000 （注4）	978,400 （注5）	225,000 （注6）	1,653,400

（注1）8,000,000×3,000,000/5,000,000＝4,800,000
（注2）8,000,000×500,000/5,000,000＝800,000
（注3）8,000,000×1,500,000/5,000,000＝2,400,000
（注4）3,000,000×15％＝450,000
（注5）800,000※×15％＋（500,000＋4,000,000－800,000）×23.2％
　　　＝978,400
（注6）1,500,000×15％＝225,000

※　修正申告等により通算グループ内の通算法人の所得の金額が増減したとしても、子会社B社の軽減対象所得金額は変動せず800,000円に固定され、修更正申告による影響が遮断されます。この場合には、通算グループ全体で軽減税率限度額の年800万円の枠を使い切れないこととなります。
　　また、軽減対象所得金額でない所得金額は3,700,000円（500,000＋4,000,000－800,000）とされます（法法66⑧⑩）。

5 ｜ 全体再計算

QUESTION

通算事業年度のいずれかについて、修正申告書又は更生がされる場合でも、上述した軽減対象所得金額の修更正申告の影響の遮断措置が適用されず、修更正後の所得の金額に基づき各通算法人

の軽減対象所得金額の再計算（いわゆる全体再計算）を行うこと
となるケースがあるそうですが、その内容について教えてくださ
い。

Ｐoint　通算事業年度のいずれかについて修正申告書の提出又は更正
がされる場合において、「**4**　軽減対象所得金額の修更正申告の影響
の遮断」に掲げる遮断措置を適用しないものとした場合における通算
グループ内の中小通算法人の所得の金額の合計額が 800 万円以下で
ある場合等に該当するときは、上述した遮断措置を適用せずに各通算
法人の軽減対象所得金額の全体再計算を行うこととされます。

Ａnswer
　　通算事業年度のいずれかについて修正申告書の提出又は更正が
される場合において、次に掲げる場合のいずれかに該当するときは、
「**2**　中小通算法人の軽減税率」に掲げた中小通算法人の各事業年度
については、「**4**　軽減対象所得金額の修更正申告の影響の遮断」に
掲げる軽減対象所得金額の修更正申告の影響の遮断措置が適用され
ず、修更正後の所得の金額に基づき各通算法人の軽減対象所得金額の
再計算（いわゆる全体再計算）を行うこととされます（法法 66 ⑨）。

　例えば、修正申告又は更正後の通算グループ内の中小通算法人の所
得の金額の合計額が 800 万円に満たない場合には、軽減対象所得金額
の修更正申告の影響の遮断措置を適用すれば全ての中小通算法人の軽
減対象所得金額の合計額が 800 万円に満たなくても修正申告又は更正
の対象となる中小通算法人については軽減税率が適用されない所得金
額が生じるため、使用されない軽減対象所得金額が存在することにな
る可能性があることから、そのような状態にならないように全体再計
算することとされます。

① **修更正申告等により、通算グループ内の通算法人の所得金額が期**

限内申告書に所得の金額として記載された金額と異なる場合におい
て、その記載された金額を「2　中小通算法人の軽減税率」に掲げ
る〔算式〕における所得とみなす規定（法法 66 ⑧）を適用しない
ものとして所得の金額を計算した結果、各通算法人の所得の金額の
合計額が 800 万円（注）以下である場合

（注）通算親法人の事業年度が 1 年に満たない場合は月数按分した金額とされ
ます（法法 66 ⑪）。

② 　通算法人の全てについて、期限内申告所得金額が零又は期限内申
告欠損金額があるなど損益通算の規定の適用がある場合（法法 64
の 5 ⑥）

③ 　欠損金額の繰越期間に対する制限を潜脱するため又は離脱法人に
欠損金を帰属させるため、あえて誤った当初申告を行うなど法人税
の負担を不当に減少させる結果となると認められるため、税務署長
が通算グループ内の全法人について損益通算の額を正当額にて再計
算する場合（法法 64 の 5 ⑧）

6 ｜ 期限内申告額の洗替え

QUESTION

通算事業年度について全体再計算の規定を適用して修正申告書
の提出又は更正がされた後における当初申告所得金額の計算方法
について教えてください。

Point　上述の「**5**　全体再計算」を適用して全体再計算をした後、
通算グループ内のいずれかの法人の申告に誤りが発見された場合に、
上述した軽減対象所得金額の修更正申告の影響の遮断を適用する場合
の当初申告所得金額は、全体再計算を適用して行った修正申告又は更
正による金額に洗い替えることとされます。

Answer

通算事業年度について 203 ページの①又は②に該当する場合に、上述した全体再計算を適用して修正申告書の提出又は更正がされた後における「**4**　軽減対象所得金額の修更正申告の影響の遮断」に掲げた「通算事業年度の期限内申告書にその通算事業年度の所得の金額として記載された当初申告所得金額と異なるときにおける当初申告所得金額を「**2**　中小通算法人の軽減税率」に掲げる〔算式〕における「所得の金額」とみなすこととされる規定」（法法 66 ⑧）の適用については、その修正申告書又はその更正に係る更正通知書にその通算事業年度の所得の金額として記載された金額を当初申告所得金額とみなすこととされています（法法 66 ⑩）。

■計算例～通算法人の全てが中小通算法人で修更正がある場合

ケース4　修正後の所得金額の合計額が800万円以下の場合

前述した《ケース１》において、子会社Ｂの所得金額に 1,000,000 円の修正が生じた場合の各通算法人の軽減対象所得金額及び法人税額を計算してください。

（単位：円）

	親法人Ａ （中小通算法人）	子法人Ｂ （中小通算法人）	子法人Ｃ （中小通算法人）	合　　計
所得金額	3,000,000	500,000	1,500,000	5,000,000
修正申告	－	1,000,000	－	1,000,000
軽減対象 所得金額	4,000,000 （注１）	2,000,000 （注２）	2,000,000 （注３）	8,000,000
法人税額	450,000 （注４）	225,000 （注５）	225,000 （注６）	900,000

（注１）8,000,000×3,000,000/6,000,000※＝4,000,000
（注２）8,000,000×1,500,000/6,000,000※＝2,000,000

（注3）　8,000,000×1,500,000/6,000,000※＝2,000,000

（注4）　3,000,000×15％＝450,000

（注5）　(500,000＋1,000,000)※×15％＝225,000

（注6）　1,500,000×15％＝225,000

※　修正後の中小通算法人の所得金額の合計額が800万円以下のため、軽減対象所得金額の全体再計算を行うとともに、所得金額が増加する子会社Bのみ修更正が生ずることとなります（法法66⑨一）。

7 ｜ 特定同族会社の留保金課税制度

Question

　グループ通算制度における特定同族会社の留保金課税制度は、どのように計算することになるのか教えてください。

Point　　所得基準の基礎となる所得の金額は各通算法人の損益通算前の所得の金額とされ、留保金額の計算上受取配当等の益金不算入額のうち他の通算法人から受ける配当等に係る金額はないものとして調整を行うこととされます。

Answer

　グループ通算制度においては、各法人で計算することとされていますので、特定同族会社の留保金課税の計算も各通算法人単体で行うこととされます（法法67、法令139の6〜139の10、140）。

　この場合において、普通法人のうち、各事業年度終了の時において資本金の額又は出資金の額が1億円以下であるもので大通算法人に該当するものは、特定同族会社から除外しないこととされまています（法法67①）。

　また、留保金額の計算上、通算親法人が行うグループ外への配当については、実質的に原資を負担しているのが通算子法人である場合が考えられることから、各通算法人において次に掲げる調整が行われま

す（法法 67 ①～③⑤～⑦、法令 139 の 9 、140）。

①　留保金額の基礎となる所得の金額は、損益通算後の所得の金額と
　　されます。

②　所得基準の基礎となる所得の金額は、損益通算前の所得の金額と
　　されます。

③　留保金額の計算上、通算グループ内の法人間の受取配当及び支払
　　配当はなかったものされた上、通算グループ外の者に対する配当の
　　額として留保金額から控除される金額は、イに掲げる金額をロに掲
　　げる金額の比で配分した金額とハに掲げる金額との合計額とされま
　　す。

　　イ　各法人の通算グループ外の者に対する配当の額のうち通算グ
　　　　ループ内の他の法人から受けた配当の額に達するまでの金額の合
　　　　計額

　　ロ　通算グループ内の他の法人に対する配当の額から通算グループ
　　　　内の他の法人から受けた配当の額を控除した金額

　　ハ　通算グループ外の者に対する配当の額が通算グループ内の他の
　　　　法人から受けた配当の額を超える部分の金額

8 ｜ 消費税等の処理方法

QUESTION

各通算法人における消費税等の処理方法について教えてくださ
い。

Point　　通算法人ごとに、消費税等の経理処理の選択を行うこととさ
れます。

Answer
　　グループ通算制度では、通算グループ内の各通算法人の会計処

理の方法の統一までは求められていません。

　したがって、それぞれの通算法人ごとに消費税等に係る経理処理
（税抜経理方式、税込経理方式又は併用方式）のいずれかにより処理
することができます。

6 | 申告、納付及び還付

1 | 確定申告書の提出期限

QUESTION

各通算法人における確定申告書の提出期限について教えてください。

Point　各通算法人は、原則として各事業年度終了の日の翌日から2月以内に、確定申告書を提出しなければなりません。

　ただし、確定申告書の提出期限の延長の特例を受ける場合には、全ての通算法人について、その期限が原則として2月間（事業年度終了後最長6月以内を限度として税務署長が指定する月数の期間）延長できます。

Answer

　各通算法人は、グループ通算制度を適用しない単体申告制度と同様に、各事業年度終了の日の翌日から2月以内に、確定申告書を提出しなければなりません（法法74①）。ただし、通算法人又は他の通算法人が、定款等の定め又は特別の事情により、各事業年度終了の日の翌日から2月以内にその各事業年度の決算についての定時株主総会が招集されない常況にあり又は通算法人が多数に上ることなどの理由により、通算法人に適用される規定による所得の金額等の計算を終了することができないために確定申告書を提出期限までに提出することができない常況にあると認められる場合には、所轄税務署長は通算親法人の申請に基づき、その各事業年度の確定申告書の提出期限を2月

間延長することができることとされています（法法75の2①⑪一）。

　また、前述した規定にかかわらず、通算法人が、会計監査人を置いている場合で、かつ、定款等の定めにより各事業年度終了の日の翌日から4ヶ月以内に決算についての定時総会が招集されない常況にあると認められるときには、確定申告書の提出期限をその定めの内容を勘案して事業年度終了の日の翌日から4ヶ月を超えない範囲内において税務署長が指定する月数の期間まで延長をすることが可能（図表4－11参照）とされます（法法71⑤、75の2①、81の19⑧、81の24①、144の3⑤、144の8①）。

　なお、確定申告書の提出期限の延長の特例を受けるためには，通算親法人がその適用を受けようとする事業年度終了の日の翌日から45日以内に、その申請書を通算親法人の納税地の所轄税務署長に提出する必要があります（法法75の2③⑪一）。通算子法人は、この申請書を提出することができません（法法75の2⑪三）。

　通算親法人が確定申告書の提出期限の延長について、その適用を受けた場合には、他の通算法人の全ての確定申告書の提出期限についても延長されたものとみなされます（法法75の2⑪二）。

図表4－11　確定申告書の提出期限の延長の特例が適用される場合とその期間

延長の理由	延長期間
① 会計監査人を置き定款等の定めがある場合	その通算法人又は他の通算法人が会計監査人を置いている場合で、かつ、定款等の定めによりその事業年度以後の各事業年度終了の日の翌日から4月以内にその各事業年度の決算についての定時総会が招集されない常況にあると認められる場合（②に掲げる場合を除きます。）は、4月を超えない範囲内において税務署長が指定する月数の期間
② 特別の事情がある場合	その通算法人又は他の通算法人に特別の事情があることによりその事業年度以後の各事業年度終了の日の翌日から4月以内にその各事業年度の決算についての定時総会が招集されない常況にあることその他やむを得ない事情があると認められる場合は、税務署長が指定する月数の期間

② ｜ 各通算法人の確定申告

QUESTION

グループ通算制度を適用する各通算法人における法人税の確定
申告書の提出方法ついて教えてください。

Point　通算制度においては、その適用を受ける通算グループ内の各
通算法人を納税単位として、通算制度を適用しない法人と同様、その
各通算法人が法人税額の計算及び申告を行う必要があります。

　また、通算法人は、事業年度開始の時における資本金の額又は出資
金の額が1億円超であるか否かにかかわらず、電子情報処理組織（以
下「e-tax」といいます。）を使用する方法により納税申告書を提出す
る必要があります。

Answer

　通算制度においては、その適用を受ける通算グループ内の各通
算法人を納税単位として、その各通算法人が法人税額の計算及び申告
を行います（法法74）。

　また、通算法人は、事業年度開始の時における資本金の額又は出資
金の額が1億円超であるか否かにかかわらず、e-Tax を使用して、申
告書記載事項を入力して送信する方法等により納税申告書を提出する
必要があります（法法75の4①②、法規36の3の2）。

　なお、通算親法人が、通算子法人の法人税の申告に関する事項の処
理として、その通算親法人の電子署名を行い申告書記載事項又は添付
書類記載事項を e-Tax による申請等に併せて入力して送信し、又は
提出する方法等により提供した場合には、その通算子法人はこれらの
記載事項を e-Tax により提供したものとみなされます（法法150の
3①②、法規68①②、国税関係法令に係る情報通信技術を活用した

行政の推進等に関する省令5⑥、6②）。

　そこで、この通算親法人の電子署名を用いた方法等による通算子法人の申告書記載事項又は添付書類記載事項の提供により、通算子法人は、e-Tax により確定申告を行ったこととなりますので、その通算子法人はこれらの記載事項を e-Tax により提供する必要はありません。

❸ 通算法人の確定申告書に係る法人税の納付時期

Question
　グループ通算制度における通算法人の確定申告に係る法人税の納付時期について教えてください。

Point　各通算法人は、確定申告書に記載した法人税の額をその提出期限までに国に納付しなければなりません。

Answer
　確定申告書を提出した通算法人は、その申告書に記載した法人税の額を、その申告書の提出期限までに、国に納付しなければなりません（法法77）。

　また、通算法人がその確定申告書の提出期限の延長の特例を受けている場合には、その申告書に係る法人税の納付期限についても延長することが認められます。

　なお、確定申告書に係る法人税の納付期限が延長される場合には、その延長された期間の日数に応じて、利子税が課されることとなります（法法75⑦、75の2⑧、措法93）。

❹ 通算法人の連帯納付義務

Question
　グループ通算制度において、通算法人が納税義務の成立した法

> 人税を滞納した場合における連帯納税義務について教えてくださ
> い。

Point　通算法人は、他の通算法人の納付すべき法人税について連帯
納付の責任を負うこととされています。

Answer
　　通算制度において、通算法人は、他の通算法人の各事業年度の
所得に対する法人税のうちその通算法人とその他の通算法人との間に
通算完全支配関係がある期間内に納税義務が成立した法人税につい
て、連帯して納付する責任を負うこととされています（法152①）。
なお、この連帯納付の責任には限度額は設けられていません。
　　また、通算法人が連帯納付の責任を負うこととなるその法人税につ
いては、他の通算法人の納税地の所轄税務署長のみならず、その通算
法人の納税地の所轄税務署長からも滞納に係る処分を受けることとさ
れます（法法152②、通則法43①）。

《引用文献》

・武田昌輔編著『DHC コンメンタール法人税』（第一法規）
・坂元左・渡辺淑夫監修『逐条解説法人税関係通達総覧』（第一法規）
・渡辺淑夫・山本清次編著『法人税基本通達の疑問点』（ぎょうせい）
・税理士法人右山事務所編『法人税申告書の書き方と留意点－基本別表編－令和
　3 年申告用』（中央経済社）
・国税庁ホームページ「国税における新型コロナウイルス感染症拡大防止への対
　応と申告や納税などの当面の税務上の取扱い FAQ」
・自由民主党・公明党：「新型コロナウイルス感染症緊急経済対策における税制
　上の措置」（令和 2 年 4 月 6 日）
・国税庁ホームページ「グループ通算制度に関する Q&A」（令和 3 年 6 月改訂）

《参考文献》

・国税庁ホームページ「平成 22 年度税制改正に係る法人税質疑応答事例（グルー
　プ法人税制その他の資本に関係する取引等に係る税制関係）（法人課税課情報
　第 5 号他）－問 11 を拙者一部修正）（平成 22 年 10 月 6 日）
・事業再生研究機構「平成 22 年度税制改正後の清算中の法人税申告における実
　務上の取扱いについて」（平成 22 年 7 月）
・拙者共著『Q&A 会社解散・清算の実務－改訂版－』（税務経理協会）
・国税庁ホームページ「グループ通算制度に関する取扱通達の制定について（法
　令解釈通達）の趣旨説明《主要制定項目以外の項目》」（令和 2 年 9 月 30 日付
　課法 2 - 33 ほか 2 課共）
・デトロイトトーマツ税理士法人 稲見誠一・大野久子監修『詳解グループ通算
　制度 Q&A』（清文社）
・足立好幸著『グループ通算制度の実務』（中央経済社）

【著者略歴】

宮森　俊樹（みやもり　としき）
税理士

昭和 38 年　福島県生まれ
昭和 63 年　大原簿記学校税理士課法人税法科専任講師
平成 4 年　右山昌一郎税理士事務所入所
平成 8 年　税理士登録
現在　税理士法人右山事務所代表社員・所長
　　　東京税理士会会員講師、日本税務会計学会税法部門副学会長、税務会計
　　　研究学会委員、日本租税理論学会委員

【主な著書】
　・『事業承継対策－税理士のための相続税 Q&A シリーズ－』（中央経済社）
　・『減価償却・リースの税務詳解－第 3 版－』（中央経済社）
　・『Q&A でわかる税制改正の実務（平成 28 ～令和 3 年度）』（中央経済社）
　・『Q&A 知っておきたい中小企業経営者と税制改正の実務（平成 24 ～ 27
　　年度版）』（大蔵財務協会）
　・『改訂版　計算書類作成のポイント－中小企業会計指針を中心に－』（新
　　日本法規）
　・『相続時精算課税制度の徹底活用法』（大蔵財務協会）　他
【主な共著書】
　・『税理士実務質疑応答集－法人税編 & 個人税務編－』（ぎょうせい）
　・『Q&A 会社解散・清算の実務－税務・会計・法務・労務－【改訂版】』
　　（税務経理協会）
　・『和解をめぐる法務と税務の接点』（大蔵財務協会）
　・『事例式・契約書作成時の税務チェック』（加除式図書・新日本法規）
　・『事業承継対策の法務と税務』（加除式図書・新日本法規）
　・『わかりやすい必要経費判断・処理の手引』（加除式図書・新日本法規）
　・『法人税申告書の書き方と留意点【基本別表編】（平成 16 ～令和 3 年申告
　　用）』（中央経済社）
　・『法人税申告書の書き方と留意点【特殊別表編】（平成 16 ～令和 3 年申告
　　用）』（中央経済社）
　・『法人税修正申告書・更正請求書の書き方と留意点－第 3 版－』（中央経済）
　・『事例にみる税務上の形式基準の判断』（新日本法規）　　他

Q&A　中小企業のための欠損金の活用と留意点

2021年10月15日　発行

著　者　　宮森　俊樹 ©

発行者　　小泉　定裕

発行所　　株式会社 清文社

東京都千代田区内神田1-6-6（MIFビル）
〒101-0047　電話03(6273)7946　FAX03(3518)0299
大阪市北区天神橋2丁目北2-6（大和南森町ビル）
〒530-0041　電話06(6135)4050　FAX06(6135)4059
URL http://www.skattsei.co.jp/

印刷：亜細亜印刷㈱

ISBN978-4-433-70991-4